Managen auf Südtirolerisch

Roger Hopfinger

Managen auf Südtirolerisch

Nachhaltig führen im Unternehmen

Springer

Roger Hopfinger
Bozen, Italy

ISBN 978-3-658-50842-5 ISBN 978-3-658-50843-2 (eBook)
https://doi.org/10.1007/978-3-658-50843-2

Die Deutsche Nationalbibliothek verzeichnet diese Publikation in der Deutschen Nationalbibliografie; detaillierte bibliografische Daten sind im Internet über https://portal.dnb.de abrufbar.

Cover Art "Morgenstimmung" by Ulrike Steinegger

Springer ist ein Imprint der eingetragenen Gesellschaft Springer Fachmedien Wiesbaden GmbH und ist ein Teil von Springer Nature.
Die Anschrift der Gesellschaft ist: Abraham-Lincoln-Str. 46, 65189 Wiesbaden, Germany

„Den epischen Taten eines einzelnen Machthabers ziehe ich die konkreten, beständigen und sicheren Schritte einer Vielzahl von Menschen vor, die mit einem ethischen Geist zusammenarbeiten."

Roger Hopfinger

Vorwort

Dieses Buch ist das Ergebnis meines dreißigjährigen Berufslebens, sowie auch anderer ehrenamtlichen Tätigkeiten, vor allem der Vertretung im Nationalrat und Generalsekretariat der Assidifer/Federmanager in Rom und der Funktion als Vorsitzender der Sektion Logistik und Transport im Unternehmerverband in Bozen. Unterschiedliche Denkweisen aus der Praxis u. a. im Pressevertrieb, in der Lebensmittelerzeugung, im Elektroniksektor, in der Transportbranche, sowie im öffentlichen Bereich, die mir einen tiefgreifenden Einblick in den Arbeits- und Managementansätzen in Italien und im Ausland, vor allem in Europa, geboten haben. Meine Auslandsreisen – in diesem Sinne – waren auch sehr interessant und lehrreich, da sie mir einen ständigen Austausch mit Menschen unterschiedlicher Herkunft und Ausbildung verschaffen haben. Also zwischen Mailand, Paris, Rom, Frankfurt, Wien, Zürich, London, usw. konnte ich Ingenieure, Vertriebsleiter, Werksleiter, Geschäftsführer, Techniker, Verwaltungsdirektoren, Qualitätsmanager, Logistikleiter, einfache Angestellte und Arbeiter kennenlernen.

Dank meiner „Eisenbahn"-Erfahrung, die ein echtes berufliches Abenteuer in einer komplexen und ausgesprochen technischen Welt darstellt, die sich zudem in einer rasanten Entwicklung befindet, hatte ich die Möglichkeit verschiedene Positionen mit großer Verantwortung zu bekleiden. Diese haben mir zweifellos Momente großer emotionaler Anspannung, aber auch und vor allem enorme Möglichkeiten des beruflichen und intellektuellen Wachstums und der persönlichen und kollegialen Berufserfüllung beschert. Dies alles in dem Wissen, dass mir die Möglichkeit geboten wurde, zusammen mit meinem Team, einen großen Beitrag zur Entwicklung im Schienenverkehr in meiner Region leisten zu können.

Meine Erfahrung im Verband der Südtiroler Unternehmer, einem Umfeld mit einer stets positiven Lebendigkeit, das häufig von einem Geist der bürgerlichen Verantwortung und dem echten Wunsch, einen Mehrwert für die Gesellschaft zu schaffen, durchdrungen ist, hat mir neue Perspektiven und Möglichkeiten geboten, menschliches Handeln auf eine Art und Weise zu interpretieren, die ich selbst vielleicht nicht erwartet hatte und die den meisten Menschen sicherlich unbekannt ist. Die Welt ist besser als man denkt.

In meiner Erfahrung mit den anderen Führungskräften der Vereinigung der Manager der Eisenbahn, Assidifer, in dem ich das Vergnügen hatte, sowohl als Nationalrat, als auch als Mitglied des Generalsekretariats tätig zu sein, habe ich die Inspiration für einen großen Teil der Themen dieses Buches gewonnen und dies sowohl aus Gesprächen mit einzelnen Kollegen als auch aus den Diskussionen, die sich aus den „römischen Sitzungen" ergaben, die immer interessant waren.

Schließlich konnte ich durch den Vergleich mit den verschiedenen Interpretationen des Berufs und der Rolle des Managers und durch den Kontakt mit Wirtschaftsführern,

Managern, Freidenkern und Politikern in Trentino-Südtirol, Italien und im Ausland die Vielfalt der Ansichten und den Geist, der die Menschen in ihrem täglichen Engagement bewegt, schätzen lernen und natürlich auch verschiedene Perspektiven des Lebens, der Gesellschaft und der Politik kennen lernen.

Einige Themen des Buches wurden, wenn auch großteils in anderer Form, in den Assidifer-Zeitschriften „Ferrovie & Servizi“ und „Collegamenti“ und in einem Buch in italienischer Sprache „Management Sostenibile, per organizzazioni etiche di persone“ in Italien veröffentlicht. Auch an dieser Stelle möchte ich meinen Kollegen für ihre Unterstützung und gegenseitige Wertschätzung im Laufe der Jahre danken.

Um auf mein berufliches Hauptengagement zurückzukommen, muss ich zugeben, dass es ein großes Vergnügen war und ist, glaubt mir, liebe Leser, und auch ein großes Glück, in einem Unternehmensumfeld und in einem institutionellen Rahmen arbeiten zu können, der vom aufrichtigen Willen durchdrungen ist, „Gutes“ zum Wohle der Gemeinschaft zu tun. Und das sicherlich mit Höhen und Tiefen, so wie die Menschen einfach sind, aber im Allgemeinen immer mit positiver Wirkung, einmal schneller und einmal langsamer.

Da konnte ich meine Ideen und meine Kreativität, neben der wirtschaftlichen Kompetenz, die natürlich bei meinem Job unerlässlich ist, bei vielen Gelegenheiten ausleben, was nicht selbstverständlich ist und ich sehr zu schätzen weiß. Ein wenig Glück gehört auch dazu, aber ausschlaggebend ist und bleibt die persönliche positive Einstellung der Welt gegenüber. Ich versuchte auch immer aufmerksam, entgegenkommend und einfühlsam zu sein, was in meinen Augen unvermeidbar ist, weil wir alle an erster Stelle Menschen sind.

Die persönliche Bereicherung, die sich aus diesen Erfahrungen ergeben hat, und der ständige Gedankenaustausch auf allen Ebenen haben zu einem Buch geführt, das sich mit einigen Themen befasst, die mir sehr am Herzen liegen, sicherlich für viele von Interesse und manchmal sehr heikel sein können, und die nicht nur die Eisenbahnen, sondern die Welt des Managements im Allgemeinen betreffen, aber auch alle die eben beruflich tätig sind. Im Grunde sind wir alle „Arbeiter" und wir sollten alle von nachhaltigen und ethischen Gedanken geführt sein. Darum geht es. Und ich starte immer von einem ethischen Gedanke. Die Ethik ist für mich der Kern des Ganzen. Ohne Ethik gibt es keine Führung eines Betriebes im nachhaltigen Sinne. Ohne Ethik sind wir nicht Menschen im wahrsten Sinne. Das ganze Buch verspürt auch gezwungenermaßen eine Südtiroler Sicht, weil ich natürlich meine Südtiroler Essenz immer behalten konnte und wollte, obwohl mit einer etwas breiteren Konnotation aus den vielfältigen Erfahrungen außerhalb meiner Provinz. Diese Erfahrungen haben sicherlich nicht geschadet, ganz im Gegenteil. Jeder sollte eine Zeit lang aus dem Nest herumschnuppern, da man ansonsten riskiert, eine zu enge Vision der Welt zu haben.

Es geht im Buch darum, dem Wesen der Unternehmen auf den Grund zu gehen. Es geht darum zu verstehen, wie die Rolle des Managers, die Organisation, das Zusammenleben mit der Umgebung und mit den „anderen" Menschen, die darin arbeiten, zu interpretieren sind. Dies ist natürlich meine Sichtweise, aber – ich denke – auch immer mehr die Sichtweise jener, die echt erfolgreiche Unternehmen lenken wollen. Übrigens: Erfolg heißt nicht nur wirtschaftliche Gewinne zu erzielen, sondern die Menschen und das soziale Gefüge zu bereichern. Und das gilt auch für private Unternehmen. So wie das Bruttoinlandsprodukt (BIP) eine schlechte Maßeinheit der wirtschaftlichen Bewertung eines Landes ist, so ist der Umsatz und der Gewinn eines Unternehmens allein sicher nicht das Maß des Erfolges des Betriebes. Aber was da genau gemeint ist, das werde ich noch im Laufe dieses Buches erklären.

Ein herzliches Dankeschön geht an meine Mitarbeitenden, die mich auf meinem Weg der beruflichen Entwicklung über 30 Jahre lang begleitet haben und die in einer positiven gegenseitigen Auseinandersetzung und Unterstützung immer meine Neugier und meinen Tatendrang geweckt oder ihm gefolgt haben. Männer und Frauen mit großem Engagement und von großem Wert, die von einem tiefen und gefühlten ethischen Sinn bewegt sind und denen ich dieses Buch widme. Schließlich zählt nur das Team, und das Team gewinnt immer.

Bozen, Italy
Oktober 2025

Roger Hopfinger

Danksagung Zunächst einmal danke ich meiner ganzen Familie, meinen Eltern, meiner Frau und meinen Kindern. Ohne sie wäre ich nie in der Lage gewesen, das zu werden, was ich bin, mit Enthusiasmus zu studieren, eine Leidenschaft für das zu haben, was ich tue, und eine so „umhüllende“ Arbeit zu machen, wissend dass sie auf mich warten, neben mir stehen, mich unterstützen. Ich danke ihnen für ihre Geduld und dafür, dass sie tausendmal mit mir gelitten haben, manchmal sogar erschaudernd. Sie sind mir immer beiseite gestanden, obwohl ich ihnen manchmal nicht so viel Zeit widmen konnte, wie ich es mir gewünscht hätte.

Zweitens möchte ich mich bei allen bedanken, die mir bei der Arbeit zur Seite standen. Ich kann keine einzelnen Namen nennen, weil das zu lange dauern und ich sicherlich Gefahr laufen würde, jemanden zu vergessen. Sie wissen genau, wen ich meine, und ich bin auch ihnen zu großem Dank verpflichtet. Es sind wunderbare Menschen, die ich im Laufe der Zeit im Rahmen meiner beruflichen Tätigkeit kennen gelernt habe und die mir Vertrauen in meine Mitmenschen gegeben haben. Die Interaktionen, die ich mit jedem von ihnen hatte, und der daraus resultierende Gedankenaustausch haben mich sehr wachsen lassen. Ich danke Ihnen vielmals.

Ich möchte auch denjenigen danken, die in der Lage und bereit waren, mir zu helfen zu verstehen, ob ich mit dem Schreiben dieses Buches nur zu mir selbst oder auch zu den Empfindungen anderer spreche, ob es sich also lohnt oder ob ich uninteressanten Unsinn schreibe. Diese Menschen haben mich davon überzeugt, dass diese Gedanken in Wirklichkeit von vielen geteilt werden, dass man sich aber vielleicht nicht immer traut, sie offen auszusprechen. Vielen Dank also auch an diejenigen, die mir Tipps zum Text gegeben und die vielen Fehler korrigiert haben, die ich immer wieder übersehe (und es wird noch welche geben).

Mein Dank gilt auch denjenigen, die mir, ohne es zu wissen, ein Beispiel waren, die mich inspirieren konnten, die mir Tipps gegeben haben, um mich zu verbessern (und weitere Tipps, suche ich noch). Dabei handelt es sich um Menschen, mit denen ich privat oder beruflich zu tun hatte, aber auch um öffentliche oder nicht öffentliche Persönlichkeiten, Lehrer, Buchautoren und andere Menschen, die ich zum Teil nie persönlich getroffen habe oder mit denen ich auch nur ein paar kurze Worte wechseln konnte. Genau aus diesem Grund habe ich dieses Buch geschrieben, denn ich weiß, dass wir Menschen auch in wenigen Augenblicken und aus der Ferne durch einen einfachen Witz, eine Geschichte, einen Film oder ein Buch etwas Positives vermitteln können. Das ist der Zauber des Lebens. Ich danke ihnen.

Ein besonderer Dank geht an die Künstlerin, die das Bild in der Cover gemalt hat, Ulrike Steinegger, die zufällig auch meine Frau ist. Der Berg im Gemälde ist sozusagen unser Hausberg, und er wurde mit einem besonderen Licht gemalt, ein Licht der Morgenstimmung, um uns alle daran zu erinnern, dass wir uns immer vor einem neuen Morgen befinden, wo wir unser Leben selbst zum Besseren gestalten können.

Inhaltsverzeichnis

Über den Autor

Roger Hopfinger wurde im Juni 1967 in Bozen, Südtirol, geboren, wo er heute mit seiner Familie lebt. Er ist verheiratet und Vater von zwei Kindern. Nach dem Abitur am Salesianer Sprachgymnasium Rainerum in Bozen studierte er Wirtschaftswissenschaften an der Staatlichen Universität von Trient.

Nach dem Militärdienst war er dann im Bereich Management und Koordination für international tätige Unternehmen mit Sitz in der Lombardei und Südtirol mit ständigen Kontaktmöglichkeiten in Italien und im Ausland tätig.

Er ist zurzeit im Bereich Personenverkehr der Eisenbahn in Trentino-Südtirol tätig, wo er seit über 20 Jahren die Rolle des Direktors bei Trenitalia, dem wichtigsten Transportbetrieb Italiens, bekleidet. Er ist Präsident der lokalen „Sektion Transport von Personen, Waren und Logistik" des Unternehmerverbandes Bozen. Er bekleidet auch eine leitende Funktion in den Human Resources der Italienischen Staatsbahnen in Südtirol. Er ist seit langer Zeit Nationalrat von Assidifer, dem Verband der Manager der Eisenbahnen im Rahmen von Federmanager.

Als Befürworter einer starken Erneuerung wurde unter seiner Leitung ein ehrgeiziger Plan zur Ersetzung des traditionellen Rollmaterials gestartet, die ersten Dienstleistungsverträge mit den autonomen Provinzen Trient und Bozen unterzeichnet und die regionale Organisation stark überarbeitet, wobei das Unternehmen einen großen und positiven Beitrag zum öffentlichen Nahverkehr in der Region leistete. Diese Ergebnisse wurden durch ein geschlossenes und eng zusammenarbeitendes Team von fähigen und willigen Mitarbeitern erzielt. Für sie wurde dieses Buch geschrieben.

Gemischtsprachig, überzeugter Europäist und Autonomist, hat er hiermit einige Gedanken aus seiner beruflichen Erfahrung gesammelt, Denkanstöße in einer interessanten und neuen Perspektive auf die Interpretation der Rolle des Managers, die hoffentlich zur vorherrschenden Denkweise für weniger habgierige und immer nachhaltigere und im sozialen Gefüge integrierte Unternehmen wird.

1

Eine notwendige Klarstellung

Warum ist so ein Buch notwendig? Als ich anfing, meine Beiträge für die Zeitschrift des Verbandes der Eisenbahnmanager zu schreiben, hatte ich von Anfang an die Idee, Überlegungen zu besonderen Themen anzugehen, die oft vermieden werden und unangenehm sind, die aber tatsächlich von vielen von uns „Managern" in ihrer täglichen Arbeit erlebt und stark empfunden werden. Mit diesem Skript werde ich daher versuchen, einige Gedanken zu den wichtigsten Aspekten unserer Arbeits- und Handlungsweise darzulegen. Ich werde versuchen aus der Beobachtung der Praxis einige Schlussfolgerungen zu ziehen, die zu einem besseren Management führen können. Ziel ist es, zum Nachdenken anzuregen. Dies zugunsten von jungen Managern, die vielleicht aus geringer Erfahrung zu beschäftigt oder auch nur aufgeregt und unsicher sind, um vertieft nachzudenken und gewisse Aspekte ihrer Arbeit noch nicht wahrgenommen haben, aber auch zugunsten der Uniabsolventen, die vielleicht mit dem Gedanken spielen, eine Karriere in einem Betrieb zu unternehmen, damit sie auch

R. Hopfinger, *Managen auf Südtirolerisch*,
https://doi.org/10.1007/978-3-658-50843-2_1

diese richtig interpretieren können. Auch jene, die uns von außen sehen, oder diejenigen, die uns von innen erleben, oder, die uns von oben leiten, und noch, die uns unterstützen oder manchmal nur ertragen (d. h. unsere Familien und unsere Mitarbeiter) sind angesprochen. Ich glaube, dass dieses beschriebene „Gefühl" der ethischen Führung eines Unternehmens in der Tat vielen Managern, den meisten, gemeinsam ist und dass viele, die dies lesen werden, einen gewissen Trost und eine gewisse Verhaltensverstärkung in der Gemeinsamkeit der Erfahrungen und des Empfindens finden können. Ich bin auch überzeugt, dass jeder von uns die Kraft und den Mut finden kann, immer das zu sagen und zu tun, woran er oder sie glaubt und er oder sie als richtig fühlt. Das Ganze mit einem Sinn für Maß und mit einem noch größeren Sinn für Ethik, wie erwähnt, damit wir uns dessen bewusst sind, dass wir uns nicht schämen sollten, Werte weiterzutragen, von denen man manchmal fälschlicherweise denkt, dass sie weit vom Verhalten des klassischen Managers entfernt sind oder sogar – schlichtweg – Zeichen der Schwäche sind. So muss es nicht sein! Ich hoffe auch noch, dass die kleinen Ratschläge, die ich geben werde, bei anderen Managern auf fruchtbaren Boden fallen können, aber auch und vor allem bei all jenen, die heute noch studieren und in Zukunft Führungspositionen bekleiden werden. Besonders für die jungen Generationen, die mit dem Gedanke spielen, eine Karriere im Management einzuschlagen, ist das Buch gedacht. Also für jene, die vielleicht nicht immer das richtige Bild vermittelt bekommen, was wirklich die Führung eines Betriebes mit sich bringt und welche Verantwortung wir tragen. Auch noch will ich all jene erreichen, die dazu beitragen können, unsere Arbeitsbedingungen zum Wohle unserer Mitarbeiter, unserer Familien und unserer Unternehmen, sowie der Gesellschaft im breiteren Sinne zu verbessern. Meine Gedanken richten sich daher auch an diejenigen, die wirklich Entscheidungsträger sind und an diejenigen, die die Dinge ändern und unsere Unternehmen immer fairer, ethischer und solidarischer machen können. Natürlich wende ich mich an jeden, der an diesem Prozess beteiligt ist, auch an unsere Mitarbeiter, die von uns richtigerweise verlangen können, nachhaltig zu handeln.

Was die Genderthematik anbelangt, wollte ich auch noch etwas klarstellen, das mir am Herzen liegt. Für mich sind Mann und Frau gleichberechtigt. In der Welt sieht es noch anders aus. Wenn ich aber in diesem Buch meistens die männliche Form verwende, ist es nur um die Lektüre flüssiger zu machen. Für mich ist Manager Frau oder Mann jeder ethnischen Herkunft oder Religion oder Sprache. Für mich kann das nur so sein, weil nachhaltig auch heißt, dass wir alle die gleichen Chancen haben müssen, dass wir ohne Vorurteile handeln und dass wir lediglich die Menschen aus einem ethischen Gesichtspunkt betrachten.

Jede Führungskraft kann sich also angesprochen fühlen. Wir als Führungskräfte haben in der Tat sicherlich reichlich Möglichkeiten, einen positiven Beitrag zu leisten. Wir sind also die Ersten, die einen Paradigmenwechsel vollziehen können, da wir von vielen als Orientierungsbild angesehen werden, oft Mentor oder Coach, und wir können mit ein wenig Mut das Handeln der Unternehmen, vieler Unternehmen, wieder auf ein konkreteres und korrekteres Terrain bringen. In der Tat gibt es zweifellos reichlich Raum für Verbesserungen, in einigen Unternehmen mehr als in anderen. Also wie immer: Warten wir nicht unnütz auf die Regierung, auf die CEOs, auf die Kollegen. Fangen wir bei uns an! Steigen wir vom hohen Ross herunter und versuchen wir, ein neues Gleichgewicht zu finden: weniger Zeremonien, weniger Glitzer und mehr Konkretheit, mehr bodenständische Arbeit und Pragmatismus. Zeigen wir auch denen, die uns vom Außen ansehen, dass die Manager „Menschen“ wie alle anderen sind, Menschen, die Respekt verdienen, die regelmäßig Verantwortungen übernehmen, die weit über ihre institutionellen Pflichten hinausgehen, und sich immer wieder ehrgeizige Ziele zum Wohle der Gemeinschaft setzen, die nicht immer in vollem Umfang verstanden oder wahrgenommen werden.

Eine weitere Klarstellung halte ich jedoch ebenfalls für notwendig. Bei diesem Buch handelt es sich eindeutig nicht um einen wissenschaftlichen Text im engeren Sinne. Ich gehe an die dargelegten Themen nicht heran, als handele es sich um wissenschaftliche Thesen, welche die bessere Organisation eines Unternehmens, eine richtige Art der Verwaltung der Ressourcen oder einen einzigen Weg zum Erfolg zu beweisen oder zu erklären versuchen. Ich berufe mich auch nicht auf Verhaltenstheorien, die zu besseren Entscheidungen führen können. Schon gar nicht möchte ich behaupten, dass meine Schlussfolgerungen als die einzige Wahrheit angenommen werden müssen. Ich verwende auch keine mathematischen Formeln oder parallele zur Physik, um Thesen zu bekräftigen. Es gibt viele Bücher mit einem wissenschaftlichen Ansatz, und natürlich habe auch ich einige davon lesen können (ihr findet eine Reihe von vorgeschlagenen Lektüren im Anhang). Was ich versuche, ist die grundmenschliche Darstellung des Managements aus dem erfahrenen Berufsleben weiterzugeben. Ich bin der Meinung, dass jede Darstellung der Führung eines Unternehmens in seinen verschiedenen Facetten notwendigerweise auf Vereinfachungen und Verflachungen der Wirklichkeit beruhen muss und vor allem oft nicht in der Lage ist, die Praxis des alltäglichen Lenkens einer Organisation zu erklären. Daher starte ich aus der Praxis. Ich kann aber bereits sagen, dass dieses Empfinden und diese Schlussfolgerungen aus der Praxis von vielen von uns geteilt sind. Die Frage (und die Antwort) dieses Werks lautet also ganz einfach: Wie bereiten wir unsere „Leader" von morgen vor? Welche Manager wollen wir oder brauchen wir in unserer modernen Welt? Meine Antwort darauf lautet: mit einem Sinn für Respekt und Verantwortungsbewusstsein; so können wir ethische und bodenständische Leader der Zukunft bilden.

Dass Theorie und Praxis nicht selten parallele Welten bilden ist leider wahr. Das gilt übrigens auch und vielleicht viel mehr für die meisten wirtschaftlichen Theorien, die ebenfalls vereinfachte Versionen der Realität sind. Gibt es echt eine unsichtbare Hand, die den Markt regelt, wie uns gelehrt wurde (siehe z. B. *The Wealth of Nations* von Adam Smith)?

Es stimmt auch, dass die praktische Umsetzung theoretischer Vorhaben nicht immer ethisch ist. Es gibt Bücher, die Ratschläge geben, um andere Menschen zu steuern; aber wollen wir Betrug und Heuchelei verwenden, um Menschen zu manipulieren? Oder sind diese Theorien oder Ratschläge oft zu weit weg von der Praxis und von der Ethik, dass sie nichts mehr mit der Realität und mit einer fairen Zukunft der Menschheit zu tun haben?

Was ich deshalb vermitteln möchte, sind echte Erfahrungen, d. h. Interpretationen von Ereignissen und Hinweise auf Situationen, die ich in meinem zwischenzeitig ziemlich langen Berufsleben immer wieder beobachtet habe. Ich äußere also meine Anschauung der Betriebsführung für die kommenden Generationen, so wie ich sie mir vorstelle und, vielleicht auch, wie ich sie mir erträume. Aber Träume werden wahr, wenn man sie zu leben versucht.

Obwohl ich verschiedene Erfahrungen in unterschiedlichen Unternehmen gemacht und viele Menschen kennengelernt habe und vor allem mit Unternehmern, Führungskräften, Mitarbeitern aller Ebenen, Lieferanten, Kunden, Politikern und vielen anderen zusammengewirkt habe, wird trotzdem meine Meinung, wie gesagt, nicht die absolute Wahrheit sein, die man für bare Münze nehmen soll. Es ist aber sicherlich eine Beobachtung des heutigen

Standes des Managements in der Praxis, meine Beobachtung des realen Unternehmenslebens, das nicht selten an den Antipoden dessen liegt, was wir an den Universitäten theoretisieren. Schließlich muss ich zugeben, dass in dem, was ich schreibe, auch ein gewisser unheilbarer Optimismus steckt. Als naiv wurde ich auch schon bezeichnet. Ich bin trotzdem überzeugt, dass ich vielleicht gerade durch meine Bücher und meine Predigen, die ich oft den jungen Generationen halte, dazu beitragen kann, die Art und Weise, wie das Unternehmen und die Beziehungen innerhalb und außerhalb des Unternehmens gelebt werden, zu verändern. Und dies im ethischen Sinne. Ob es sich dabei nur um Ideen einer begrenzten Anzahl von Managern handelt oder eher um eine immer stärker werdende Gefühlslage, die aus meiner Sicht vielversprechend ist, wirst du entscheiden. Ich persönlich bin zutiefst davon überzeugt, dass die Art und Weise, wie Management betrieben wird, an einem Wendepunkt steht, der eigentlich schon begonnen hat. Ich bin der Meinung, dass viele Unternehmen in Südtirol, in Italien, in Österreich, in Deutschland, in der Schweiz und in ganz Europa diese Art von Management bereits jetzt erleben. Mehr Nachhaltigkeit vor allem im sozialen Sinne. Was Südtirol angeht, geschieht das vielleicht auch zum Teil gezwungenermaßen, da wir hier kaum noch Mitarbeiter finden. Die wenigen, die wir finden, müssen die Betriebe gut behandeln und somit wird die soziale Kompetenz automatisch höher gewertet, könnte man sagen. Es ist aber auch eine kulturelle Angelegenheit, die in Südtirol und meistens heute in Europa stärker geprägt ist als anderswo. Es geht nicht nur um das soziale Verhalten im Unternehmen, sondern um viel mehr.

In meiner Erfahrung wendet sich die Welt zum Besseren. Schauen wir mit Zuversicht in eine Zukunft, die wir selbst gestalten können, oder besser gesagt, schreiben wir selbst unsere Geschichte.

2

Wa(h)re Nachhaltigkeit

Wenn von nachhaltigem Management die Rede ist, muss deutlich gemacht werden, was sich hinter einem Begriff verbirgt, der heute in aller Munde ist: *Nachhaltigkeit*! Unternehmen und Organisationen unterschiedlichster Art, ob gewinnorientiert oder gemeinnützig, ob öffentlich oder privat, ob traditionell oder der New Economy, haben das Thema Nachhaltigkeit inzwischen zu einem festen Bestandteil ihres täglichen „Gesprächs" gemacht. Der so genannte jährliche Nachhaltigkeitsbericht, der Ethikkodex und ganz allgemein der Fokus auf das Soziale oder, wie es häufig heißt, der Fokus auf die Menschen, und noch die Umweltziele, die Energiebilanz und vieles mehr gehören heute zu jedem Unternehmen, das etwas auf sich hält. Gewünscht oder gefordert, echter Wunsch oder reine Marketingaktion, vielleicht oft nur ein Image-Bedürfnis oder ein einfaches Muss, aber zweifelsohne vorhanden. Doch was genau ist mit Nachhaltigkeit gemeint? Hier besteht bereits die Möglichkeit einiger kleiner Missverständnisse. Viele verstehen unter diesem Begriff meistens das ökologische Verhalten

R. Hopfinger, *Managen auf Südtirolerisch*,
https://doi.org/10.1007/978-3-658-50843-2_2

der Betriebe, eine massive Umweltverschmutzung vermeiden. Andere weiten das Konzept aus und sehen unter dem Begriff den verantwortungsvollen Umgang mit den verfügbaren Ressourcen, d. h. die Minimierung der Verschwendung bei der Nutzung natürlicher Ressourcen oder Rohstoffen im Allgemeinen, das Fehlen oder die Minimierung negativer Folgen der Produktion, wie Abfälle, Verschmutzungs- oder Vergiftungsquellen, die zum Nutzen einiger weniger auf die Gesellschaft übergreifen könnten. Es handelt sich um eine Verantwortung gegenüber der Gemeinschaft, um eine größtmögliche Verringerung der negativen externen Konsequenzen eines wirtschaftlichen Handelns, das eben nachhaltig sein muss. Es geht hier um eine krampfhafte Aufmerksamkeit für Details, um Schäden oder schlimmere Katastrophen zu vermeiden. Der Gedanke an die Folgen unseres Handelns muss in der Tat immer präsent sein und darauf abzielen, dem Planeten und auch unseren Mitmenschen keinen Schaden zuzufügen, d. h. unseren Kindern und Enkeln ein positives und nicht räuberisches Erbe zu hinterlassen.

Dies ist jedoch nicht ausreichend. Das ist erst der Anfang. Es geht auch darum, all jenen Respekt zu zollen, die sich direkt oder indirekt im Einflussbereich der Unternehmensorganisation befinden. Deshalb werden die Gewährleistung von Respekt für alle, die Chancengleichheit im weitesten Sinne, faire Löhne für alle Beschäftigten, die Gewinnung des Vertrauens aller Beteiligten, die größtmögliche Transparenz gegenüber öffentlichen Einrichtungen und der Beitrag zur Verbesserung des sozialen Umfeldes zu zentralen Themen der Nachhaltigkeit.

Nachhaltigkeit im Handeln eines Unternehmens oder einer komplexen Organisation kann daher unterschiedlich verstanden werden oder hat, wenn man so will, verschiedene Facetten, die alle gleich wichtig sind.

So muss die Organisation bei der Verwendung der verfügbaren Produktionsfaktoren, d. h. der wirtschaftlichen Ressourcen, die durch das öffentliche oder private Eigentum zur Verfügung gestellt werden, immer darauf achten, sie bestmöglich zu nutzen.

Ziel sind faire und ehrliche Gewinne zu erwirtschaften, die für die weitere Entwicklung oder Erhaltung des Geschäfts notwendig sind. Die wirtschaftliche Nachhaltigkeit ist daher in jedem Betrieb wichtig. Ohne sie gibt es keine Zukunft. Ziel ist aber auch, wie gesagt, ständig mit Achtung für die Umwelt, in welche die Organisation eingebettet ist, zu handeln. Und nicht zu vergessen, Ziel ist es das physische Umfeld, das äußere soziale Gefüge und die Gesamtheit der betrieblichen „Humanressourcen" zu respektieren. Respektvoll und transparent für alle zu arbeiten, bedeutet daher, keine negativen Auswirkungen nach außen zu erzeugen oder, wenn nötig, daran zu arbeiten, sie zu beseitigen, wie gesagt, oder sie jedenfalls zu einem verantwortungsvollen Teil der Bilanz des Unternehmens zu machen. Es geht hier nicht nur um Normen. Man muss ein Feingefühl entwickeln, das darüber hinaus geht, was auf einer ethischen Grundlage ruht. Das ist natürlich nicht einfach, aber es ist nicht nur angemessen, sondern auch notwendig. Das heißt Nachhaltigkeit.

Die Nachhaltigkeit hängt jedoch nicht nur vom Unternehmen oder vom einzelnen Manager ab. Sie hängt auch von anderen Akteuren des wirtschaftlichen und sozialen Handelns in komplexen Gesellschaften ab, die sich zunehmend in die Märkte und die Gesellschaft positiv, aber manchmal auch negativ, einbringen. Das ist in vielerlei Hinsicht angebracht, solange man es nicht übertreibt und vor allem den Unternehmen das ehrliche und gerechte Wirtschaften nicht so unnütz erschwert, dass sie den Erfolg ihres Geschäfts teilweise zunichte machen und dadurch wiederum Nicht-Nachhaltigkeit und Schaden erzeugen (bis zum Konkurs des Unternehmens, Arbeitsplätze, die über Nacht verschwinden und Verlust für die ganze Gesellschaft). Sicherlich ein schwieriger Balanceakt zwischen Bürokratie, Schutz von sozialen und wirtschaftlichen Interessen und Gleichgewicht zwischen den verschiedenen Instanzen der Gesellschaft. So tragen Institutionen, Gesetzgeber, Umsetzer des Regelwerks, Gewerkschaften, Verbraucherverbände, Influencer, manchmal auch die Öffentlichkeit selbst, sicherlich die Medien, die Regulierungsbehörden, sowie die Lieferanten und die Kunden zur allgemeinen Nachhaltigkeit der globalen, nationalen und einzelnen lokalen Volkswirtschaften bei, oder besser gesagt, *wir alle tragen dazu bei, wir alle tragen Verantwortung*. Und dies in einer zunehmend technologischen Welt, in der jeder seine Stimme erhebt und in gewisser Weise Menschen und Unternehmen bloßstellt, aber manchmal auch Fake News, Verzerrungen und Handlungen hervorruft, die in die entgegengesetzte Richtung gehen, wie erwünscht wäre, weit weg von der Vernunft. Schließlich beeinflussen wir die Welt die ganze Zeit über. Wir tun es mit unseren täglichen Handlungen, mit der Äußerung von Bedürfnissen, manchmal mit unseren Launen und Vorurteilen, mit unseren Gewohnheiten, unseren Bequemlichkeiten, als Verbraucher, als Angestellte, als Arbeiter, als Politiker, als öffentliche Verwalter, usw. Inmitten des Sturmes steht der Manager und seine Aufgabe ist dies zu „managen"; gar nicht einfach, glauben sie mir, aber enorm befriedigend.

Man kann also verstehen, dass das Konzept der Nachhaltigkeit für mich weit über starre, vereinfachte Schemata hinausgeht, die dazu führen, dass das Konzept in bloße Konstrukte von Zertifizierungen oder Vorschriften oder Verfahren oder Proklamationen eingesperrt wird. Ich nenne einige gängige Slogans unserer Zeit wie „There is no planet

B“ oder „Green is the new Black“, oder noch „Net Zero by 2050“, „Only One Earth“, „Small Acts, Big Hearts“ oder „Join us. Be you.“. Diese befassen sich mit einigen Aspekten der Nachhaltigkeit und des menschlichen Handelns, erfüllen aber nicht immer den Zweck, für den sie geschaffen wurden (manchmal vielleicht absichtlich, da auch Zertifizierungen und Image-Bedürfnisse zu Ware werden). Nachhaltigkeit soll aber keine Ware werden, sondern wahr, echt, gefühlt bleiben. Also nicht nur Slogans, oder schlimmer Green Washing oder Social Washing: wir brauchen sie nicht; das ist Schein-Nachhaltigkeit und führt nirgendwohin.

Man kann natürlich nicht die Komplexität der menschlichen Handlung in wenigen Zügen zusammenfassen. Die Nachhaltigkeit blickt darüber hinaus, und wir müssen verstehen, dass wir alle zu einem System beitragen, das von aufgeklärten Köpfen und von einem Sinn für Ethik geleitet werden muss. Mit Normen und Regelungen erreicht man nicht alles. Und das gilt sicherlich auch heute noch, und vielleicht sogar noch mehr. Wir brauchen eine korrigierende Leitung und eine Kontrolle, die nicht aus einer Staatlichen Behörde kommt. Diese Leitung muss in erster Linie aus der kulturellen Erhebung der Menschen kommen, in den Schulen, in den Familien, an den Universitäten, im Bewusstsein der wahren Werte und im Wissen, wie zufrieden man sein kann, auch Grenzen zu setzen, nicht vorgreifen zu wollen, zu neiden oder zu greifen. Schließlich kommt das Wort „nachhaltig“ von dem Verb halten oder erhalten. Aber was sollen wir erhalten oder unterstützen? Die Antwort ist einfach: die Zukunft derjenigen, die nach uns kommen werden, aber auch die Gegenwart aller anderen Menschen um uns herum in gegenseitigem Respekt und mit gegenseitigem Engagement. Nachhaltig bedeutet daher vereinfacht, dass unser Handeln nicht auf Kosten der anderen

Menschen geht, welche die Welt heute bevölkern und morgen bevölkern werden. Die Wertschätzung unserer Umwelt ist also nur der Anfang. Ethik, Fairness und Respekt sind die Säulen einer neuen Ära, in der nicht mehr die Stärksten oder Klügsten, sondern die Besten in einer immer breiteren Anzahl die Entscheidungen der Gesellschaft im Allgemeinen und die Handlungen der einzelnen Unternehmen leiten werden; und dies in einem positiven menschlichen Umfeld, wo Kooperationswillen und nicht Konkurrenzkampf herrschen. Die Kreislaufwirtschaft, das Bewusstsein, dass man nicht auf Kosten der Welt und unserer Mitmenschen „unbegrenzt wachsen" kann, und eine neue Philosophie des Entwicklungskonzepts und der Genugtuung, das sind Konzepte, mit denen sich das Management und die ganze Bevölkerung auseinandersetzen muss. Dies um andere Faktoren ergänzt, die nicht nur wirtschaftlich im klassischen Sinne messbar sind, aber eben nachhaltig.

Der Begriff Nachhaltigkeit, der häufig zitiert, aber nicht immer wahrlich gelebt wird, kann nicht nur mit der Hausaufgabe von Alibi-Aktionen und dazugehörenden Reports laut ESG (Environmental, Social and Governance) Richtlinien zusammengefasst werden. Solche Richtlinien tragen wesentlich dazu bei, dass sich Unternehmen immer nachhaltiger verhalten. Nachhaltigkeit muss aber authentisch gefühlt werden, ist Knochenarbeit, die oft nachhaltige Manager vor wichtigen Entscheidungen stellen. Normen und Richtlinien zu befolgen ist dann oft nicht genug.

Für mich bedeutet Nachhaltigkeit im Bereich des Managements mehr, viel mehr. Man kann es aber kurz fassen. Albert Schweitzer schrieb: *„Ich bin Leben, das leben will, inmitten von Leben, das Leben will"* (Schweitzer, A., 1923. Kultur und Ethik. München: C.H. Beck, S. 242). Schweitzer war Arzt, Philosoph und Theologe und sah in seinem Leben Schmerz und Krankheit. Den Begriff „Nachhaltigkeit" hatte er nicht verwendet, aber ich finde, dass dieser Satz die beste Zusammenfassung dazu ist, eine Urdefinition der Nachhaltigkeit. Das sollten wir immer vor Augen behalten, bei jeder Handlung. Wir sollten uns immer fragen, ob wir mit unseren Entscheidungen anderes Leben, das Leben will, beschädigen. Dann kann nichts schieflaufen.

Schließlich ist aber Teil des Konzepts der Nachhaltigkeit auch die Rolle des Managers von Bedeutung. Ist der Beruf des Managers heute noch zukunftsfähig? Sind wir sicher, dass das Spiel die Mühe wert ist? Ich rede nicht von dem Top-Management; ich rede vom mittleren und niederen Management, also von der Mehrheit der Führungspersönlichkeiten. Die meisten dieser Manager stehen selten auf den Titelseiten, ohne Ruhm und Glitzer. Sie arbeiten mit großer personeller Verantwortung unzählige Stunden täglich. Schweiß und große Verantwortung. Die meisten sind glücklich so, wie sie sind, zufrieden damit, zum Gemeinwohl innerhalb und außerhalb des Unternehmens beizutragen und ihre Fähigkeiten und Fertigkeiten zum Wohle der Gemeinschaft einzusetzen. Die Frage ist aber, in einer Welt mit vielen falschen Idolen und unzähligen Ablenkungen, ob es viele Menschen gibt, die in der Lage und vor allem dazu geneigt sind, Manager zu werden. Die gleiche Frage könnte man auch den wahren Politikern stellen, da sich die Politik in einer großen Krise befindet. Auch das ist für mich ein Teil der Nachhaltigkeit. Und es geht nicht um Geld oder Macht, um Ruhm oder Ansehen, sondern wiederholt um Respekt und darum, mit Gelassenheit, eben nachhaltig, und mit Genugtuung zum Wohle aller arbeiten zu können, ohne gegen die Windmühlen der Bürokratie und einer undankbaren Falschdarstellung der Rolle des Managers kämpfen zu müssen. Oft sind jene, die Entscheidungen treffen und sich vielen Risiken aussetzen, die weit über das hinausgehen, was man als vernünftig beschreiben könnte, ausgeliefert und ohne Schutz. Es geht in den meisten Fällen darum, Lasten zum Wohle der meisten zu schultern, ohne häufig Anerkennung zu finden, nicht nur von der Öffentlichkeit, sondern nicht einmal von den Institutionen und manchmal auch von den Unternehmen selbst. Nicht selten werden nämlich enorme Hindernisse in den Weg gelegt und es besteht die Tendenz, unseren Beruf immer schwieriger zu machen, mit dem einzigen Ergebnis, dass immer weniger fähige Menschen dazu neigen, eine Karriere voller Verantwortung und Pflichten – zugunsten eines geradlinigeren Lebens – einzuschlagen, was in gewisser Weise verständlich ist, aber auf sozialer und intellektueller Ebene eine echte Verschwendung darstellt. Die Work-Life Balance scheint dann des Öfteren nur das einzige Ziel vieler geworden zu sein, auch in egoistischer Weise. Aber ich verrate euch bereits jetzt die Antwort auf meine Frage: Lohnt es sich die Herausforderung der Führung eines Unternehmens anzunehmen? Lohnt es sich, sich die ganze Mühe mit aller Energie zu geben, lohnt es sich sein eigenes Vermögen oder gar eine Strafe zu riskieren? Ich habe keinerlei Zweifel. Ich sage „ja" und würde fast alles, was ich gemacht habe, wiederholen. Es lohnt sich, weil man etwas Nützliches für das Gemeinwohl macht. Es lohnt sich, weil man eine bessere Welt hinterlässt. Es lohnt sich, weil die nächsten Generationen dankbar sein werden.

In den folgenden Kapiteln werde ich nur am Rande und nur dann, wenn es notwendig ist, auf Aspekte eingehen, die sich außerhalb der Unternehmenssphäre im engeren Sinne bewegen. Ich werde nicht darauf eingehen, was der Staat, der Bund, der Kanton oder das Land tun muss, um das Funktionieren der Unternehmen in einem tugendhaften Sinne zu gewährleisten; ich werde auch nicht darauf eingehen, inwieweit der nicht selten abweichende Druck, der von den Medien oder den Gewerkschaften ausgeübt wird, das nachhaltige Handeln der Unternehmen beeinflusst, und ich werde auch nicht darauf eingehen, inwieweit die Kunden mit ihrem Benehmen selbst betroffen sind. Ich werde mich auf den Unternehmensbereich beschränken, auf das, was Organisationen und Einzelne tun können und müssen, um eine gerechte und nachhaltige Umwelt in einem ethischen und sozialen Sinne zu gewährleisten, vor allem, was Manager selbst tun können und müssen, um für sich selbst und hauptsächlich für die Welt um sie herum wirklich nachhaltig zu sein. Die Manager sind in den meisten Fällen das Unternehmen. Die Themen, die ich ansprechen werde, sind daher: Motivation, Mut, Leadership, Verantwortung, Organisation, Intelligenz, Einsatz neuer Technologien, Meritokratie und mehr.

Das Augenmerk liegt also immer auf dem Manager, der auch sein persönliches und familiäres Umfeld bewahren muss, aus dem er die Energie schöpfen kann und muss, um Gutes zu tun, sowohl für das Unternehmen, für das er arbeitet, als auch in zunehmendem Maße für die Gemeinschaft im breiteren Sinne. Diese beiden letztgenannten Akteure – Unternehmen und Gesellschaft – überschneiden sich heute in der Tat immer mehr, und ich bin überzeugt, dass wir immer mehr Menschen – verständlicherweise nicht nur unter den Managern – hervorbringen können, denen das Gemeinwohl am Herzen liegt und die tatsächlich jederzeit nachhaltig arbeiten und denken wollen. Systematisch und ohne Hintergedanken. Nachhaltigkeit ist ein Vollzeitjob. Es geht darum, diese Entwicklung zu fördern und die Voraussetzungen dafür zu schaffen, dass diese Sensibilität genutzt werden kann, d. h. den ordnungspolitischen und gesellschaftlichen Rahmen so zu gestalten, dass immer mehr junge Menschen, die von einem ethischen Bewusstsein geprägt sind und über überdurchschnittliche Fähigkeiten verfügen, sich um das Wohl der meisten im Unternehmen und außerhalb des Unternehmens kümmern können, ohne Angst haben zu müssen und ohne durch bürokratische Hemmnisse oder ordnungspolitische Fehlentwicklungen oder gar durch Rechthaberei und Neid gezwungen zu sein, das Handtuch zu werfen.

Ich hoffe, lieber Leser, dass du dadurch die Möglichkeit hast, Nuancen zu erkennen, an die du vielleicht noch nicht gedacht hast. Das Leben ist komplex und die Menschen ebenso. Versuchen wir unseren Beitrag zu leisten, ohne Vorurteile und mit großer Freude, versuchen wir etwas Gutes für unsere Nachfahren zu machen. Die Welt nach uns soll besser und nicht ärmer werden. Das kostet Mühe, ist ja klar, aber es lohnt sich. Die Kompetenzen und das Wissen, die wir an der Uni erlernt haben, sind allein nur der Anfang unserer Lernphase. Wir lernen täglich etwas dazu und verstehen aus der Praxis, was wirklich wichtig ist. Die Frage, die wir uns stellen sollten, ist also folgende: Wenn wir alt sein werden, wollen wir uns an unzählige doofe „Happy Hour", an unser dröhnendes Motorrad, an die schicken Klamotten, an unseren supertollen Wagen erinnern oder an das Gute, was wir für die Welt und unsere Mitmenschen geleistet haben? Ich habe keine Zweifel in dieser Hinsicht und du?

3

Klein aber fein

Ich komme aus einem kleinen Land, Südtirol. „Do bin i dahoam, in mein kluan Landl unterm Rosengarten“ könnte man sagen. Ein wenig mehr als eine halbe Million Einwohner (0,00625 % der Weltbevölkerung vergleichbar mit Wyoming in den USA, oder den Malediven). Geografisch liegt Südtirol in Norditalien an der Grenze zu Österreich und der Schweiz, etwa 110 km von der deutschen Grenze und 200 km von der Adria entfernt. In fünf Stunden fährt man mit dem Zug von Bozen nach Rom mit einem tollen „Frecciarossa“. Unser Territorium ist vom Gebirge geprägt, von den drei Zinnen und von dem Schlern, aber auch vom Pragser Wildsee, vom Völserweiher, von Tälern reich an Weintrauben und Apfelbäumen, wie im Bozner Kessel oder in der Eppaner und Kalterer Gegend. Reich auch an Agrarwirtschaft und Tourismus, auch zu viel Tourismus kann man heute sagen. Wir waren lange Zeit Teil der Grafschaft Tirol, dann Teil der Habsburgermonarchie und jetzt seit über hundert Jahren Teil von Italien. Wir haben eine starke

R. Hopfinger, *Managen auf Südtirolerisch*,
https://doi.org/10.1007/978-3-658-50843-2_3

Autonomie und einen starken Mittelstand mit familiengeführten Unternehmen (Gastbetriebe, Bauernhöfe, Handwerker, etc.), aber auch eine durchaus wichtige Industrie (Lebensmittel-, Bau-, Holzverarbeitungs- und Energieindustrie, nur um die wichtigsten zu nennen). In meinem Land baut man Seilbahnen, die in Asien verkauft werden, so wie Spiegel, die in Südamerika auf astronomische Teleskope installiert werden.

In Südtirol spricht man Deutsch, Italienisch und Ladinisch und die junge Generation immer mehr Englisch. Die Mehrsprachigkeit stellt einen Pluspunkt dar, den wir nicht einmal richtig und genug wahrnehmen. Wir sind eine natürliche Brücke zwischen dem Norden und dem Süden, ein *Trait d'Union*, ein Bindeglied Europas. Unser pro Kapita Bruttoinlandsprodukt liegt deutlich über dem italienischen Durchschnitt, aber auch höher als in den meisten europäischen Regionen. Wir sind in diesem Sinne de facto Italiens wohlhabendstes Gebiet nach Mailand. Das bemerkt man vor allem, wenn man eine Wohnung kaufen möchte. Viele junge Familien sind heute nicht mehr in der Lage, sich ein eigenes Nest zu sichern. Also, reich, aber teuer und nicht nur klein, aber fein. Oder anders ausgedrückt fein für jene, die es sich leisten können. Kein einfaches Thema, was vieles mit sich bringt, was ich hier nicht vertiefen kann.

Was ist aber heute noch wirklich klein? Oder groß? Nichts eigentlich. Wir leben in einer immer integrierteren Welt, in der Unterschiede immer kleiner werden. Jedes Volk hat natürlich noch seine Eigenschaften, seine Traditionen, seine Eigenartigkeiten, aber wir befinden uns in einem immer verbreiteterem Vernetzungszeitalter, wo sich alles in ein Amalgam aus verschiedenen Elementen verwandelt. Man will nur hoffen, dass die besten menschlichen Seiten sich durchsetzen werden und in der Wirtschaft, sowie in der Politik und im sozialen Leben in aller Welt dominieren werden.

Man findet also die Welt in Südtirol. Man kauft Produkte, die fast überall auf der Welt zu finden sind, man kleidet sich mit den gleichen Marken, die heute die ganze (wohlhabende) Welt erobert haben, man bekommt die gleichen News, man findet vielen der guten und schlechten Dinge, die man anderswo findet. Das ganze aber unterm Rosengarten und mit einigen besonderen Merkmalen.

Ich, als kleiner Südtiroler, habe in meinem Leben das Glück gehabt vieles zu sehen und jedes Mal, wenn ich verreiste – privat oder geschäftlich – war ich vor allem von den Ähnlichkeiten und nicht von den Unterschieden der verschiedenen Länder verblüfft. Man tendiert zu denken, dass wir alle sehr verschieden sind. Die anderen sind dann oft die Schlimmeren, aber das ist Unsinn. Ich habe natürlich vor allem Deutsche, Italiener, Österreicher, Schweizer, kennengelernt und mit ihnen gearbeitet oder einfach geplaudert, aber auch Franzosen, Holländer, Tschechen, Polen, Spanier, Albaner, Griechen, und noch Japaner, Amerikaner, Marokkaner, Russen, Engländer, Australier, Mexikaner, Jemeniten bis Mauritier oder Guatemalteken. Und ich sage euch: Wir sind alle gleich. Die meisten von uns suchen dasselbe, egal ob in Aserbaidschan, Mauritius, Guatemala, Italien oder Deutschland geboren. Wir sind Menschen und die größte Eigenschaft eines Managers besteht also darin dies zu erkennen und sein Team folglich zu behandeln. In Südtirol haben wir in dieser Hinsicht einen Vorteil. Wir sind ein Land, in dem schon seit einiger Zeit verschiedene sog. „ethnische Gruppen" zusammenleben (Deutsche, Italiener und Ladiner). Die Immigration hat dann die Vielfalt erhöht. Heute haben wir ziemlich ein ruhiges Zusammenleben mit ein paar Schattenseiten, aber es funktioniert, obwohl es nicht immer so war, so wie es nicht als endgültig erreicht zu betrachten ist, wenn man es schlecht verwaltet. Es gibt noch Ungleichheiten, Kontraste und Divergenzen, die behoben werden müssen. Es gibt neue Risiken im Zusammenleben, zeitlich beschränkte kulturelle Hürden, eine Konzentration an Wohlstand und Macht und andererseits noch Elend und Misere, auch bei uns. Es wurde in Südtirol ein Minderheitenschutz aufgebaut, was als musterhaft angesehen wurde und heute viel an Wichtigkeit verloren hat, da die festgelegten Ziele in der Tat erreicht wurden, und zwar eine gewisse Gleichberechtigung zwischen Deutschen und Italienern und Ladinern, die hier leben. In diese Richtung hat uns auch der Tourismus unterstützt, es ist eindeutig, und letzthin auch der Personalmangel. Diese Phänomene haben zu einem immer engeren „Kennenlernen" geführt, zuerst zwischen der germanischen und der lateinischen Wurzel des Landes und danach – durch Immigration – auch mit anderen Völkern, die sich meistens gut einleben, auch wenn nicht immer. Es gilt dies auch zu verwalten und das nicht ohne Ängste und Schwierigkeiten, wie auch anderswo.

Wir waren also ein Land am Rande der Geschichte mit relativ wenig Bevölkerung und meistens von den Bergen isoliert und sind heute mit dem Phänomen des Overtourism, mit wachsender Anspannung auf Umwelt und Mobilität geplagt. Wir haben andererseits unsere Unternehmen zunehmend internationalisiert und brauchen immer mehr „menschliche Ressourcen" aus dem restlichen Italien und dem Ausland, die wir mit Mühe anzuziehen versuchen, angesichts der hohen Lebenskosten und trotz des, mit den anderen Regionen verglichen, hohen pro Kopf Einkommens.

Manager in Südtirol zu sein, heißt dann einerseits sich mit den anderen Sprachgruppen gut zu verstehen und andererseits sich mit dem Problem des Personalmangels auseinanderzusetzen. Beide Themen werden immer mehr aktuell auch anderswo. Die restlichen Herausforderungen sind üblich auch für andere Wirtschaften: Digitalisierung, globale Unsicherheiten, Klimaschutz, Rohstoffmangel, Bürokratie, und so weiter.

Mein Tag als Manager verläuft dann zum Beispiel zwischen Sitzungen und Gesprächen, wo man von einer Sprache zur anderen springt – Deutsch-Italienisch und dann Italienisch-Deutsch – und oft mit Mitarbeitern, die weit weg von Südtirol geboren sind und später ihren Weg zu uns gefunden haben, aus dem übrigen Italien oder aus dem Ausland. Vor allem kommen sie vom übrigen italienischen Raum, aber nicht nur. Und nicht alle bleiben hier im Laufe der Zeit. Manche ziehen nach ein paar Jahren wieder weg und das nicht, weil sie Mühe haben beide Landessprachen zu erlernen, sondern weil sie sich harttun, sich mit den hohen Preisen des Lebensunterhalts zu messen. Die Natur ist wunderschön hier in Südtirol, sie ist auch gut verwaltet worden, aber wenn ich nicht ein Mindestniveau an Lebensqualität und Einkommen erreiche, nutzt das wenig. Dann schaue ich nur die anderen an, die es genießen. Eine angemessene Wohnung zu kaufen, ist für junge Leute eine besondere Errungenschaft, wie gesagt. Und wenn man als Betrieb einige Jahre in die Ausbildung dieser Menschen und Kollegen investiert hat, verliert man dann durch eine plötzliche Kündigung alles auf einen Schlag. Das sind dann Mehrkosten für ein Unternehmen und für die Gesellschaft im breiteren Sinne. Nicht gut für beide Parteien.

Also, klein, aber fein, aber trotzdem komplex und nicht ohne Schwierigkeiten. Manager in Südtirol zu sein, heißt dann auch mit sehr Einfühlvermögen zu arbeiten. Da funktionieren gewisse Regeln des alten Managements nicht mehr. Ich sage Gott sei Dank. Die Manager alter Zeiten waren meistens weit weg von der „Truppe“. Sie waren häufig unerreichbar oder fast unfassbar. Sie trugen immer einen teuren Anzug mit Krawatte und mischten sich wenig unter die Kollegen. Managen auf Südtirolerisch, heißt dann für mich heute, ein Teil des Ganzen zu sein, Nähe zu spüren und spüren zu lassen und oft in Jeans zu arbeiten, wenn die

Situation es erlaubt. Manager auf Südtirolerisch heißt in meinen Augen ein Team zu bilden und echte Beziehungen aufzubauen. Aber man muss natürlich aufpassen; auch hierzulande wird Empathie-Washing betrieben. Also, entgegenkommend und freundlich, aber mit Hintergedanken. Es kommt darauf an, wie die Einstellung ist: will man nett zueinander sein, um die Investition zu schützen oder will man die Menschen schätzen, in die man investiert hat und mit ihnen gemeinsame Ziele erreichen? Die meisten schätzen die Menschen und davon gibt es genug Beispiele in den Südtiroler Betrieben. Die Unternehmenskultur ist bei uns nicht selten mit einem Gefühl der Echtheit umhüllt und das ist gut so. Das ist eben nachhaltig.

Dieses Buch ist also in meinen Augen eine Südtiroler Sicht des Managements, eine persönliche Sicht, die es selbstverständlich auch anderswo gibt, die auch andere Manager teilen (aber nicht alle und überall). Wie betont, haben wir in diesem Lande Personalmangel. Gutes Personal wächst so nicht einfach auf den Bäumen. Nirgends. Es ist in der Tat bekannt, dass in den Vereinigten Staaten, und zeitverschoben auch in Europa und in der ganzen Welt, sich in letzter Zeit ein Phänomen gezeigt hat, welches mit „The Big Resignation" gekennzeichnet wurde. Das ist im Allgemeinen ein unvermeidbares Zeichen unserer Zeit. Ab dem Jahre 2021 haben Millionen Arbeiter Ihren Beruf aufgegeben. Sie kündigten, vor allem nach der Pandemie, weil viele wahrscheinlich einmal Zeit hatten über das eigene Leben nachzudenken. Das ist etwas, was wir heute nur selten haben, die Zeit nachzudenken, und das aus verschiedenen Gründen und zum Teil sind wir selbst schuld. Viele scrollen leider auch ihr Leben weg. Und der Schluss, zu dem viele Menschen gekommen waren, war negativ. In der Tat war das ein großer Prioritätenwechsel. Unser System wurde in Frage gestellt und das zurecht. Die Arbeitsbelastung war mit der Zeit für viele unerträglich geworden; die Zufriedenheit tief gesunken. Für die neuen Generationen wird das Thema Work-Life-Balance immer klarer. Manche übertreiben wahrscheinlich. Die Wahrheit liegt in der Mitte, wie immer. Das Phänomen hat auch die Manager nicht geschont. Gerade die Pandemie hatte viele von Ihnen enorm unter Druck gesetzt. Das kann ich auch persönlich mehr als bezeugen. Die Welt wurde dadurch stark verändert: die Mobilität der Fachkräfte bleibt heute noch sehr hoch und die Remote-Arbeit (Smart Working) ist sehr gestiegen; zuvor fast nicht vorhanden bei uns. Ein Schluss, den man daraus ziehen kann, ist folgender: um Talente im Betrieb zu halten, muss ein Manager seinen Betrieb flexibel gestalten und den Mitarbeitern, wo gewünscht, Entwicklungsmöglichkeiten anbieten. Und das nicht nur in Südtirol. Banal, oder? Wir befinden uns nicht mehr im Jahre 1910 in einer Ford-Fabrik. Die Akademiker sind in den letzten Jahrzehnten ebenfalls gestiegen und mit ihnen das Streben nach Selbstverwirklichung. Nicht alle, aber viele wollen korrekterweise wachsen, sich entwickeln, neues Erlernen und ihren Beitrag leisten. Geld ist nicht alles, aber es bleibt noch hoch in den Erwartungen, ist auch klar.

Und da ist der Südtiroler Manager zum Teil schon gewappnet, diese Bedürfnisse zu erkennen, weil wir schon zuvor Schwierigkeiten hatten, unsere Stellen zu besetzen. Und auch, da wir in ein heiles Land geboren sind, wo die Grundbedürfnisse für die meisten oft (wenn auch nicht immer) bereits gesichert sind. Eine gewisse Sensibilität für einige Themen der Nachhaltigkeit ist dann häufiger als anderswo, wo Überleben, Wettbewerb und Vergeltung noch lebendige Wirklichkeit sind. Kurzgefasst: Mit vollem Magen kann man auch Poesie schreiben.

Wenn wir also in Südtirol eine gelebte Mehrsprachigkeit haben, die eine immer größere Multikulturalität mit sich gebracht hat, auch dank des Tourismus; wenn wir eine Wirtschaft, die sehr viel mit Landschaft (dem kulturellen UNESCO Welterbe unserer Berge) und Landwirtschaft (Produktion von Qualitätsprodukten, die mit dem Boden verbunden sind) zu tun hat; wenn wir auch aus geografischen Gründen einen lebendigen unternehmerischen Geist, der sehr viel auf kleine und mittlere Unternehmen basiert, aber auch eine nicht zu unterschätzende Industrie vorweisen kann, und vor allem wenn wir auf ein gesichertes Leben der Menschen, und dies nicht ohne Bequemlichkeiten, zählen können, wenn auch mit einigen Macken, dann kann Nachhaltigkeit bei uns nur ein fruchtbares Terrain finden. Dann muss „Managen auf Südtirolerisch" nachhaltig sein und das mit Freude und Überzeugung.

4 Die Quintessenz des Managements

Was Nachhaltigkeit für mich bedeutet, ist jetzt wahrscheinlich eindeutig. So wie die Geschichte Südtirols, die wahrscheinlich zu einer gewissen höheren Sensibilität in Hinblick auf soziale Themen geführt hat. Was Management als Beruf mit sich bringt und was ein Manager im Allgemeinen zu tun hat, ist ebenso, zumindest für meine Leser, klar. Es lohnt sich trotzdem die Hauptelemente zu erwähnen.

Was ist also Management? Das Wort stammt aus dem Englischen und wurde mit der Zeit in der ganzen Welt aufgenommen. Es wird eigentlich schon seit ein paar Jahrhunderte verwendet, also keine Neuigkeit unserer modernen Zeit, um die Leitung und die Verwaltung von Ressourcen darzustellen, eine Struktur zu steuern. Im französischem finden wir das Wort „ménager", das so gut wie „sorgsam mit etwas umgehen" bedeutet, und „ménage" heißt nichts anderes als „Haushalt". Im Italienischen gibt es auch ein verwandtes Wort: „Maneggiare". Das heißt ebenfalls mit etwas umgehen, etwas bedienen oder handhaben. Das Ganze hat tiefe Verwandtschaften in den meisten indoeuropäischen

R. Hopfinger, *Managen auf Südtirolerisch*,
https://doi.org/10.1007/978-3-658-50843-2_4

Sprachen. „Manejar" sagt man in Spanien oder Portugal, „Manage" klarerweise in England und ein weiteres verwandtes Wort finden wir auch in der deutschen Sprache: manövrieren. Oder gar manipulieren. Gleiche Wurzel. Die Herkunft ist ziemlich eindeutig: „Manus" aus dem Lateinischen. Das heißt Hand. Deshalb gibt es auf Deutsch das Verb handhaben. Natürlich sind wir heute vom physischen Sinn (also etwas mit den Händen manipulieren) zu einer abstrakteren Bedeutung übergegangen. Synonyme von Handhaben sind daher meistern, steuern, verwalten, führen und „managen"; einen Betrieb managen zum Beispiel. Dann ist der Manager ein „Handhaber", wenn ihr mir erlaubt, oder ein „Verwalter", ein „Koordinierer". Man hofft eigentlich, dass er auch ein „Leader" sein kann, wie wir im nächsten Kapitel sehen werden, und vielleicht nicht gerade ein „Führer"; da haben wir bereits schlechte Erfahrungen gemacht.

Auf jeden Fall steuert er sein Schiff auf einem Meer voller Wellen. Und er macht es mit seiner Crew, denn Managen heißt gerade die Arbeit anderer und die dazu nötigen Ressourcen zu steuern. Übrigens „ménagère" auf Französisch heißt Hausfrau (heute könnte man korrekterweise auch Hausmann sagen). So wie sie/er es macht, verwaltet also der Manager oder die Managerin sein/ihr Betriebshaushalt.

Der Manager, Frau oder Mann, ist also eine Person, die eine organisatorische Struktur zur Erfüllung bestimmter Ziele führt, für welche er oder sie Verantwortung trägt. Und er/sie macht das, wie gesagt, nicht alleine, sondern mit einem Team. Es kann sich um einen Top Manager handeln, oder um einen Middle Manager oder noch einen Low Manager, sagen wir ein Kader. Über das Middle Management, oder Sandwich Management, werden wir uns noch in diesem Buch kümmern.

Es gibt Manager in jeder Branche. In der Eisenbahn so wie im Sanitätswesen, in der Automobilbranche oder in einer öffentlichen Einrichtung, in einer Non-profit-Organisation oder in einer Hotelkette, um einige zu nennen. Aber auch innerhalb eines Unternehmens haben Manager verschiedene Funktionen wie z. B. Personalchef, Marketingleiter, Vertriebsverantwortlicher, Instandhaltungsleiter, Produktionsmanager, usw. Die Manager können übrigens in großen staatlichen Betrieben wirken oder in einem Familienunternehmen. Es gibt in der Tat alle möglichen Varianten der Firmengröße, das macht es nicht aus. Ein Manager kann dann auch pro Tempore in ein Unternehmen agieren, zum Beispiel, um ein Sanierungsprojekt zu leiten, also ein Interim- bis zum Krisenmanager.

Aber was sind die typischen Aufgaben des Managers? In der Wirtschaftsliteratur gibt es genug Beschreibungen der Verantwortungsbereiche der Manager. Einer der bekanntesten Managementtheoretiker war ein Franzose, Henri Fayol. Frankreich hat heute noch eine große Tradition der öffentlichen Verwaltung, daher wundert es nicht, dass gerade ein französischer Ingenieur die fünf Funktionen des Managements identifizierte. In seinem Buch: „Administration industrielle et générale", das 1916 erschien, listete er die Hauptaufgaben des Managers auf:

1. Planung
2. Organisation
3. Führung
4. Koordination und
5. Kontrolle

Kurzgefasst: ich setze meine Ziele und mache einen Plan daraus (Prevoir), dann organisiere ich die Mittel zum Zweck, inklusive Mitarbeiter (Organiser), ich gebe meine Anweisungen an das Personal und motiviere es (Commander), ich koordiniere die verschiedenen Tätigkeiten

(Coordonner) und überwache damit alles in die richtige Richtung geht, um eventuell etwas anzupassen, wo notwendig (Contrôler).

Es gibt auch danach genug Literatur und Varianten zum Thema und die bekanntesten Autoren, die empfehlenswert sind, wenn man eine Manager-Karriere in Visier nimmt, sind neben Henri Fayol, Frederick W. Taylor, Max Weber, Elton Mayo, Mary Parker Follett, Peter F. Drucker, Douglas McGregor, Herbert A. Simon, Henry Mintzberg, Jim Collins, Daniel Goleman, bis Simon Sinek, um nur einige zu nennen. Ich glaube es genügt, wenn wir bei Fayol bleiben und ich teile nicht unbedingt die Meinungen aller zitierten Autoren, aber das ist nicht ausschlaggebend. Man kann aber daraus verstehen, wie sich die Anschauung in dieser Hinsicht geändert hat, wie Management verstanden wird. Glauben sie mir, dass diese Anschauung sich noch ziemlich ändern muss, was wir auch mit diesem Buch versuchen werden. Wie ein Unternehmen zu führen ist, war auf jeden Fall schon vor hundert Jahren klar, wie man von der Literatur entnehmen kann, auch was die soziale Ebene anbelangt. Nichts Neues am Horizont.

Aber welche Eigenschaften muss ein Manager dann besitzen? Vorausgesetzt, dass jeder Mensch anders ist, so wie auch jedes Unternehmen, gibt es eine Reihe von Eigenschaften die unerlässlich und andere die ergebnisfördernd sind. Andere hingegen sind sogar hemmend, wenn nicht schädlich zum Zweck einer nachhaltigen und erfolgreichen Führung. Unerlässlich ist zum Beispiel die Klarheit der Ziele oder den Mut zu haben. Ohne Vision und Entschlossenheit kann man so gut wie nichts erreichen. Ergebnisfördernd hingegen sind Empathie, Flexibilität und Resilienz. Emphatisch zu sein ist immer behilflich. Wenn man sich positiv in die Gefühle und in die Perspektiven der anderen Mitmenschen hineinversetzen kann, kann man leichter eine positive Zusammenarbeit aufbauen und alle sind glücklicher. Wenn man anpassungsfähig ist und widerstandskräftig durch die Stürme des beruflichen Lebens geht, erreicht man mit Sicherheit die festgesetzten Ziele. Hemmend ist hingegen die Machtgier oder die Arroganz. Wenn man sich andauernd autoritär und dominant zeigt und eingebildet und hochmutig die eigenen Mitarbeiter führt, werden viele dieser nicht mehr mitziehen und am Ende wird man alleine am Ruder der eigenen Selbstgefälligkeit sein. Und das vor allem jetzt. Es hängt natürlich sehr viel vom Umfeld des Unternehmens und auch von der Konstellation an menschlichen Wegbegleitern ab, welche Qualitäten wichtiger sind. Daher ist die erste unerlässliche Eigenschaft eines Managers die Anpassungsfähigkeit. Man passt sich an die Stakeholder der Firma an, man passt sich an das Produkt oder Dienstleistung, welche man erbringt, an. Man passt sich an die Menschen, die in und außerhalb des Betriebes agieren. Die Anpassung soll aber nicht die ethischen Prinzipien zerstören: es gibt Grenzen! Einige Fähigkeiten sind auch im selben Unternehmen unterschiedlich auf der Zeitleiste einer Karriere. Es kann sein, dass sich die Ziele der Aktionäre oder Besitzer mit der Zeit ändern. Oder dass externe Kräfte zu einer neuen Zielsetzung motivieren. Deshalb ist der richtige Mix an Eigenschaften eines Managers, also der korrekte Führungsstil zum Erfolg nicht immer gleich. Es ändert sich von Betrieb zu Betrieb, von Zeit zu Zeit, obwohl einige Merkmale immer präsent sein müssen, wie gesagt. Nachfolgend bringe ich eine Zusammenstellung der zentralen Managementqualitäten, aus meiner Sicht, die eine tiefe Einatmung verlangen. Nach jeder Eigenschaft denk nach, ob das für dich stimmt. Wenn du bereits beruflich in einem Unternehmen aktiv bist, denk nach ob und welche Eigenschaften unerlässlich sind und ob du sie hast, oder ob du sie pflegen oder entwickeln kannst. Wenn du eine Karriere im Management in Visier hast, dann denk auch, ob du die Energie hast oder willig bist, sie einzusetzen, um diese Eigenschaften, die meisten, zu erreichen. Manager sein heißt Einsatz und Anstrengung, Hingabe und Verpflichtung. Also was soll ein Manager vor allem sein?

Das muss oder soll er sein:

- **Kompetent**: An erster Stelle braucht ein Manager eine fundierte Fachkompetenz. Wenn er die fachlichen Grundlagen seiner Arbeit nicht kennt, kann er seine Leute überhaupt nicht bzw. schlecht steuern, mit all den verbundenen Konsequenzen. Ein Vertriebsmanager wird dann eine gewisse Markterfahrung der eigenen Branche mit sich bringen, so wie ein vertieftes Wissen über die Wettbewerbssituation haben. Ein General Manager wird organisatorisches Können besitzen, so wie geprägte Kommunikationsfähigkeiten aufweisen müssen. Und so weiter. Natürlich braucht man Zeit, um die Kompetenz zu erreichen, durch Studium und durch Praxis. Es geht um Schweiß, aber auch um Erfüllung. Keine Eile, sondern Ernsthaftigkeit und alles kommt mit der Zeit.
- **Visionär**: Eine strategische Planung, also ein Konzept und eine klare Zukunftsvorstellung ist unverzichtbar. Egal ob du die Verantwortung des ganzen Betriebes auf deine Schulter hast, oder auch nur von einem Bereich oder einem Zweig. Wenn du nicht weißt, in welche Richtung du dein Schiff steuern willst, wirst du bald in seichtem Wasser auf Grund laufen. Es ist unerlässlich über das Tagesgeschäft hinauszublicken, die Chancen zu erkennen, sehen was andere nicht sehen, um einen Vorteil zu haben und dein Geschäft besser zu gestalten. Und das natürlich immer fair und ohne faulen Trick. Was will man eigentlich erreichen? Da muss man die Mission und die Meilensteine setzen. Und man muss sie mit den Kollegen teilen.

- **Zielorientiert**: Man muss die Vorhaben des Unternehmens auch verinnerlichen und konstant vor den Augen halten. Man muss die Zielsetzung mit den Stakeholdern teilen und man muss die Ziele ehrlich und überzeugt tragen. Wenn man nicht überzeugt ist oder gar gegen die eigene Moral arbeiten muss, muss man darüber reden und im schlimmsten Fall Unternehmen wechseln. Auch wenn die Ziele tief verwurzelt sind, ist es dann gar nicht einfach, sie zu erreichen. Häufig muss man mit bürokratischen Hürden oder mit hemmenden Zwischenfällen kämpfen und man riskiert die Ziele aus den Augen zu verlieren. Also, Konzentration ist angebracht.
- **Mutig und entscheidungsfreudig**: Mut muss man immer haben, im beruflichen wie auch privaten Leben. Niemand besitzt die vollkommene Sicherheit, dass unsere Handlungen geradewegs zu bestimmten Ergebnissen führen werden. Im Leben werden wir andauernd aufgefordert, Entscheidungen zu treffen. Einige sind einfach und der richtige Weg ist ebenfalls einfach zu unterscheiden. Andere Male hingegen ist man verzweifelt und man weiß nicht in welche Richtung man rudern soll. Man entscheidet auch mit dem Bauchgefühl, denn man kann nicht immer analytisch entscheiden. In vielen Fällen fehlen die Elemente zu einer Analyse. Auf jeden Fall keine Entscheidung zu treffen, ist nur sehr selten die richtige Entscheidung. Meistens muss man in eine gewisse Richtung gehen, auch wenn man bereits sieht, dass dies andere Probleme mit sich bringen wird. Es ist nicht einfach. Wichtig ist aber sich von der Vernunft und – mit der Zeit – aus fundierter Erfahrung steuern zu lassen. Natürlich kann man falsch entscheiden, aber das ist eben unvermeidlich. *Shit happens.* Man lernt ganz einfach etwas daraus.

- **Verantwortungs- und pflichtbewusst**: Wenn man auch mutige Entscheidungen fällt, muss man immer die Verantwortung erkennen, die jede Entscheidung mit sich bringt. Die Folgen müssen abgewogen werden. Jede negative Konsequenz auf andere Menschen oder Sektoren des Unternehmens oder auf sich selbst müssen vermieden werden. Verantwortlich handeln ist also ausschlaggebend, um nachhaltig zu sein. Pflichtbewusst heißt auch Regeln und Vorgaben zu berücksichtigen. Man lebt nicht im Dschungel, man lebt in einer organisierten Welt und man muss daher gewisse Normen, Richtlinien und Anweisungen auch ethischer Art befolgen.
- **Vorbildlich, verlässlich und vertrauenswürdig**: Meine Lieblingseigenschaften. Denk immer, dass sie dich alle anschauen. Du bist nackt in einem Schaufenster und das die ganze Zeit über. Benimm dich also immer fair und gerecht. Alle schauen dich an und werden dich nachahmen. Man sagt: „Der Fisch stinkt immer vom Kopf her". Das heißt, dass man gut predigen soll, aber dann auch gut und kohärent handeln muss. Ansonsten ist man nicht mehr vertrauenswürdig. Das gilt nicht nur gegenüber den Kollegen, sondern auch gegenüber den anderen internen und externen Partnern. Wenn du zu deinem Wort stehst, wirst du auch gut angesehen und dein Erfolg ist gesichert. Du bist verlässlich. Andere zählen auf dich. Du musst Vertrauen gewinnen. Mach das, aber weil du es fühlst, weil du echt vorbildlich bist und transparent und nicht aus eigenem Interesse. Die Welt wird dir dankbar sein und du wirst stolz auf dich sein.
- **Effizient**: Man spricht sehr häufig über die Effizienz im Beruf und es ist auch richtig so. Effizienz und Nachhaltigkeit sind ebenfalls eng verknüpft. Wenn ich effizient bin, dann erzeuge ich maximale Ergebnisse mit dem

geringstmöglichen Aufwand von Ressourcen. Es können Materialien sein, oder Energie oder Personal, oder deine eigene Zeit. Also keine Verschwendung von Ressourcen und von Zeit und das meistens durch Planung, Organisation und vor allem Analyse. Da braucht man auch Daten und eine klare Zielsetzung, auch was die Schonung der Ressourcen angeht. Zeitmanagement ist dann so ein Thema, was nicht einfach zu verwalten ist. Es hängt auch von deinem Umfeld ab; aber was von dir abhängt muss gemacht werden. Auch in deiner täglichen Routine mach dir einen Tagesplan. Du wirst ihn vielleicht nicht immer oder vielleicht auch selten einhalten, aber es ist unverzichtbar. Zeit zum Nachdenken muss ebenfalls ihren Platz finden: Yutori. Dieses Konzept, auf Deutsch „Gelassenheit", wurde in Japan geprägt, um der puren Leistungsgesellschaft und dem massiven Leistungsdruck, Grenzen zu setzen und mehr Platz zum Nachdenken und zur Kreativität zu schaffen. Entschleunigung und geistige Ruhe für Manager, um klarer zu denken.

- **Diszipliniert und resilient**: Um effizient zu bleiben muss man natürlich sehr diszipliniert sein. Wenn du nicht diszipliniert bist, das heißt wenn du nicht die Fähigkeit besitzt, dich selbst zu kontrollieren und zielstrebig zu deinem Ziel hinzuarbeiten, dann kannst du sehr schwer, andere Menschen führen. Du musst Termine einhalten, Fristen respektieren, Spitzenbelastungen überwinden. Es ist nicht einfach und oft unangenehm. Pure Resilienz. Es kann sein, dass du auf gewisse Sachen verzichten musst. Deine Prinzipien müssen aber aufrechterhalten sein, egal was passiert. Nicht alle sind dazu geeignet und es ist auch richtig so. Aber für einen Manager ist Disziplin unerlässlich.

- **Flexibel, reaktiv oder adaptiv**: Flexibilität ist eine Zwillingseigenschaft der Resilienz. Disziplin fordert auch Verzicht, wie gesagt, aber vor allem rasche Wendemanöver. Da muss man flexibel sein, ansonsten wird man mit der Zeit unstabil und unzufrieden. Oft ist man gerufen, auf neue Aufgaben, unerwartete Situationen, aufkommende Probleme zu reagieren. Die Anpassungsfähigkeit des Managers ist ausschlaggebend. Es gibt halt nicht immer ein Plan B und da ist man aufgerufen, die eigene Erfahrung aufs Spiel zu setzen und die Kreativität, um negative Geschehnisse zu meistern, zum Guten zu wenden. Einige Situationen benötigen halt Handlung, andere nicht unbedingt, aber sicher, jammern hilft wenig. Reagieren ist gefragt, aber auch Anpassungsfähigkeit. Aus Gefahren werden dann nicht selten Chancen.
- **Proaktiv oder vorbeugend**: Reaktionen sind nicht immer einfach zu bewältigen. Deshalb ist Proaktivität so wichtig und oft kann sie dazu führen, Reaktionen zu vermeiden. Man muss vorausschauend handeln. Man muss handeln, bevor ein Problem entsteht. Es ist häufig möglich, aber nicht immer natürlich. Eine Reaktion und eine gewisse Menge an Flexibilität ist dann gefragt. Aber manchmal schauen wir nicht ins Herz der Situationen; wir erkennen die Gefahr nicht. Andere Male, hingegen, ahnen wir schon etwas im Voraus, wollen es aber nicht ernst nehmen. Wir sagen uns: es wird schon klappen. Aber dann ereignet sich genau das, was wir bereits vermutet oder im Unterbewusst erwartet haben. Manchmal wollen wir ganz einfach gewisse Situationen nicht wahrnehmen, weil sie uns von unserer Komfortzone hinauswerfen. Proaktiv zu sein, ist deshalb unvermeidlich. Wenn wir etwas erwarten, müssen wir vorgefertigte Lösungen bereits vorbereitet haben. Es ist nicht immer möglich ist auch klar, aber wir müssen vorsorgen, wenn möglich. Wir sind schließlich Manager.

- **Prioritätenorientiert**: Um effizient und zielorientiert zu sein, muss man auch Prioritäten setzen. Man darf nie den Fokus verlieren. Prioritäten setzen heißt, die Aufgaben und die Maßnahmen zu erkennen, die in Bewegung gesetzt werden müssen, um Ziele zu erreichen. Die Ziele sind eben nicht alle gleich wichtig und aus Zeitmangel oder Ressourcenmangel ist es wichtig, die wahren und lebenswichtigen Ziele für das Unternehmen und das soziale Gefüge zu identifizieren. Prioritäten bringen uns zu einem sinnvollen Einsatz der zur Verfügung stehenden Ressourcen. Es bringt nicht viel, unorganisiert, Ressourcen hin und herzuschieben oder zu verschwenden. Im Fall des Personals ist es wichtig sich auf eine Tätigkeit zu konzentrieren, die wirklich eine Priorität darstellt, ohne dass man halbe Sachen in die Wege leitet, die Mitarbeiter verrückt macht und am Ende keine Ziele erreicht werden. Budgets sind immer begrenzt und deshalb sind Entscheidungen gefragt. Welche sind sinnvolle Prioritäten? Diese müssen ausfindig gemacht werden, um Ressourcen genau in diese Richtung zu bündeln.
- **Empathisch und kommunikativ**: Ein Manager muss sich in andere Menschen hineinversetzen. Das habe ich schon mehrmals betont und ich werde es noch machen. Man muss Gefühle und Bedürfnisse erkennen und berücksichtigen. Die Leute haben es verdient als Menschen behandelt zu werden. Und wenn du dich mit Ehrlichkeit empathisch den Kollegen gegenübersetzt, dann bekommst du Gefühle zurück. Alle arbeiten dann glücklicher und sind dankbar. Alle fühlen sich als Teil einer Gemeinschaft, die über das Ziel gemeinsam spricht. Das ist der Teamgeist, der (fast) alles überwindet und die besten Ergebnisse erzielen lässt. Empathie ist auch mit Kommunikation eng verbunden. Durch Empathie ist die Kommunikation effektiver. Ein starkes Team, in dem

Empathie praktiziert wird, braucht keine besonderen Kommunikationswege, aber gute Kommunikation verstärkt die Empathie und den gemeinsamen Erfolg des Teams.

- **Win-Win-denkend**: Dies ist eine ausschlaggebende Eigenschaft jedes nachhaltigen Managers; man kann echt nicht darauf verzichten. Wenn man eine Entscheidung zu treffen hat, bei Konflikten oder in Verhandlungen, geht es immer darum, eine Lösung zu finden, bei der sich jeder wohl fühlt. Win-Win-Haltung heißt, dass jeder gewinnt. Natürlich in Grenzen. Wichtig ist, die Leute nicht über den Tisch zu ziehen. Es kann ein Kunde oder ein Lieferant sein. Es kann ein Kollege oder jede andere Partei im Berufsleben, mit der man Kompromisse erarbeiten muss. Sinn und Zweck des Entgegenkommens ist der Aufbau einer langfristigen Beziehung, wo sich alle respektiert fühlen und sich vor allem niemand ausgenutzt fühlt, weil ganz einfach in der Tat niemand ausgenutzt wird. Man braucht Geduld, Einfühlsamkeit und Kreativität, um dies zu erreichen, und leider ist das nicht immer möglich, aber sicherlich anzustreben.
- **Motiviert und motivierend**: Diese Eigenschaft habe ich gemerkt, ist schwer zu „züchten". Im Normalfall hat man sie oder nicht. Sie hängt von vielen Faktoren ab und wo vorhanden wirkt sie echte Wunder. Ohne Motivation gibt es keine Teams. Die Motivation, heißt Hingabe für das, was man tut, heißt Enthusiasmus in jeder Tätigkeit zu stecken, die man frei aussucht. Genau dies ist der Punkt: die Motivation ist höher, wenn man die eigene Arbeit ausgesucht hat. Schwierig ist es motiviert zu sein, wenn man etwas macht, was man eigentlich nicht machen will, wenn man mit schwerem Schritte jeden Tag in die Arbeit geht. Wo große Arbeitslosigkeit und weniger Möglichkeiten zur beruflichen Entfaltung herrscht, ist es

klarerweise schwieriger. Aber ich lebe in Südtirol und bin daher sicher, dass es möglich ist, den richtigen Beruf zu finden und dann die eigene Mannschaft zu begeistern, zu motivieren. Um zu motivieren, muss man also an erster Stelle selbst motiviert sein. Mit vorbildlicher Begeisterung folgt das Team seinen Leader in gefährlichen Gewässern und alle kommen heil und erfolgreich heraus.

- **Autonomie- und vertrauensgebend**: Niemand mag es ständig kontrolliert zu werden und jeder tüchtige Kollege will seine eigene Kompetenz beweisen. Da hat der Manager eine der größten Aufgaben im Betrieb. Er muss Vertrauen schenken. Er muss all diejenigen erkennen, die autonom arbeiten können und viele können es tun. Man darf die Mitarbeiter nicht wie Kinder behandeln. Es gibt große Kompetenzen, die nur darauf warten auf Probe gestellt zu werden. Motivieren heißt den Kollegen ein Ziel zu geben, Vertrauen schenken heißt dann Genugtuung und Selbstachtung zu erwecken. Menschenkenntnisse sind gefragt. Wenn man sicht traut, Vertrauen zu schenken, erzielt man die besten Erfolge. Natürlich werden auch Fehler gemacht, aber auch diese können wichtige Erfahrungen sein. Wichtig ist, die Möglichkeit zu schenken, sich beweisen zu können.
- **Analytisch und kreativ**: Analyse ist oft gefragt, auch wenn nicht immer möglich. Man soll die wichtigsten Daten oder Informationen des eigenen Geschäfts kennen. Analytisch zu sein, heißt dann in der Lage zu sein, die Daten lesen zu können, Gefahren oder Chancen daraus zu erkennen, ein Feingefühl für den Markt oder die interne Lage des Unternehmens zu gewinnen. Nicht immer haben wir aber sämtliche Daten zur Verfügung; es gibt Wissenslücken und neue Gegebenheiten, die schwer zu erfassen sind. Der Kontext ändert sich, manchmal schnell, manchmal langsam, aber nichts bleibt

unverändert für lange Zeit. Es kann dann passieren, dass all unsere Daten, all unsere Gewissheiten zu nichts bringen. Die Hebel fehlen und wir wissen nicht mehr was tun. Da braucht man Bauchgefühl und/oder Kreativität. Manchmal hat uns die Erfahrung mit der Zeit ganz einfach ein Gefühl gegeben, das uns auch in schwierigen Zeiten aus der Tinte bringt. Beides ist wichtig: analysieren und kreativ handeln.

- **Ethisch**: Ich konnte nicht anders als mit dieser Eigenschaft die Übersicht der Führungsqualitäten abzuschließen. Ein Manager soll ethisch sein, oder zumindest mein Bild von einem nachhaltigen Manager kann nicht auf einen ethischen Sinn des Berufs oder gar des Lebens verzichten. Und er soll auch noch wahrhaft und nicht vorgespielt sein. Er muss gerecht, ehrlich, transparent und fair sein. Er soll seine eigene Verantwortung voll übernehmen und er soll seine Mitarbeiter, sein Unternehmen und die Gesellschaft um sich herum immer korrekt und mit Respekt behandeln. Er muss keinen Schaden zurichten und sich an Gesetze halten. Dies gilt im beruflichen als auch im privaten Leben. Keine Lügen oder Manipulationen, keine Tricks und vor allem nicht eigene Fehler auf andere schieben. Keine Diskriminierungen und keine persönliche Bereicherung zu Lasten anderer. Team Work ist ethisch und Erfolg soll nur ethisch sein.

Eine lange Liste von Eigenschaften, die zu einem Manager gehören sollen! Wir haben Superman und Wonder Woman beschrieben, aber keine Angst: Niemand hat alle oben angeführten Eigenschaften oder zumindest niemand kann sich immer perfekt an sie halten. Es soll unser Anstreben sein, aber nicht jeder Tag kann perfekt verlaufen. Auf Ethik und auf andere Hauptmerkmale kann man nicht verzichten, aber es kann passieren, dass man einmal jemand unhöflich behandelt, weil man ganz einfach nicht geschlafen oder Kopfschmerzen hat. Wir sind schließlich Menschen und keine Halbgötter. Wir sind weit weg von der Perfektion, aber es ist gut, wenn wir uns von Zeit zu Zeit diese Auflistung anschauen. Vielleicht werden wir wieder auf gewisse schlechte Gewohnheiten aufmerksam gemacht, die wir dann zu ändern versuchen. In diesem Sinne ist es von Vorteil „The Power of Habit: Why We Do What We Do in Life and Business“ von Charles Duhigg zu lesen, das von der Kenntnis der eigenen Gewohnheiten startend, die Fähigkeit der Menschen erkennt, ihr Verhalten gezielt steuern zu können, um es zu verbessern. Es ist eine Art Selbstmanipulation, aber im positiven Sinne.

Jedem Manager seinen Führungsstil. Der eine wird besonders einfühlsam sein, der andere besonders kompetent in seinem Geschäft oder außergewöhnlich kommunikativ und inspirierend sein. Jeder wird ein Mix von Attributen, Energie, Fertigkeiten haben, jeder wird auch seine Schwächen haben. Wichtig ist nur, daran zu arbeiten, ein wenig nachzudenken, um besser zu werden, sich selbst nachhaltiger zu entfalten. An sich selbst zu arbeiten ist aufregend und ermutigend. Ein Manager muss es ständig machen, aber im Grunde jeder Mensch. Niemand ist perfekt und das Leben, wenn man will, ist ein unendlicher Pfad in Richtung „Better Version of Me“. Ein wenig Yutori kann dann helfen.

5

Leadership

Ich hoffe, dass du, mein Leser, noch beim Lesen bist. Ja das stimmt: Wir Manager, haben jede Menge zu tun, vor allem wenn wir unsere Aufgabe als „nachhaltige" Manager ernstnehmen wollen. Aber es ist machbar.

Beschäftigen wir uns also mit der Frage, wie dieser Beruf zu verstehen ist. Als Manager muss man sich vor allem darüber im Klaren sein, dass ein Unternehmen oder Teile davon, aber vor allem Menschen, viele Menschen und ihre Familien, ihre Hoffnungen, ihr Wohlbefinden, auf uns ruhen. Unsere Verantwortung ist daher enorm und betrifft viele. Unser Verhalten kann oft wirklich etwas bewirken. Wir haben keinen Zauberstab und wir sind sicherlich in ein Umfeld und eine Wirklichkeit eingebettet, von der wir auch Unterstützung erwarten, aber dennoch sind wir diejenigen, die ihre Rolle gut spielen müssen und dies oft allein, wenn wir Entscheidungen treffen müssen. Die erste richtige Frage lautet dann: wollen wir Leader sein oder einfache Chefs? Und was bedeutet ein Anführer oder noch besser ein Leader zu sein?

R. Hopfinger, *Managen auf Südtirolerisch*,
https://doi.org/10.1007/978-3-658-50843-2_5

Der Begriff „Leader“ ist allgegenwärtig und bezieht sich auf den Leiter oder Anführer von Organisationsstrukturen in den verschiedensten Bereichen unseres menschlichen Strebens. Als erstes Beispiel kommt einem wahrscheinlich der Bezug zur Politik in den Sinn. In den Nachrichten ist ständig von diesem oder jenem Parteiführer oder Leader die Rede. Der Begriff kann jedoch auf jeden menschlichen Bereich angewandt werden, sei es in der Religion (ein Führer oder Leader einer Glaubensgemeinschaft), im Krieg oder in der Revolution (der „lider maximo“ Fidel Castro ist vielleicht die repräsentativste Figur), aber auch in einer Fußballmannschaft oder einer Schulklasse, wo sich ebenfalls Anführer, also Leader, bilden. Das heißt nicht, dass wir Stars sind. Man kann aber auch kleine Gruppen durch ein tugendhaftes Verhalten inspirieren. Es ist der Tropfen im Ozean, der sich zu einem Fluss umwandelt. Führung, die ins Englische alternativ mit „direction“ oder „command“ oder auch „guidance“ übersetzt werden kann, ist als die leitende Beziehung zu verstehen, welche die in einer organisatorischen Struktur handelnde Person mit den übrigen Mitgliedern dieser Gruppe herstellt. Eine solche Figur wird im Allgemeinen auch als „Chef“, auf Italienisch „Capo“, oder auch „Boss“ (eher bei den Gangstern der Fall) bezeichnet und ist mehr als das.

Ich bin mir keineswegs sicher, dass ein Leader immer mit der höchsten hierarchischen Figur in einer Organisationsstruktur übereinstimmt. Es geht nämlich nicht unbedingt nur darum, eine hohe hierarchische Position zu besetzen, sondern vielmehr darum, Menschen zu inspirieren, und Inspiration entsteht durch ein echtes Gefühl der Authentizität und nicht einfach durch einen Stellenplan. Es ist gut, dass diese inspirierende Führungskraft, Mann oder Frau, Italienisch oder Deutsch oder Ladinisch (das sage ich für uns Südtiroler!) den höchsten Platz in einer Organisation einnimmt und dass sie den nötigen Freiraum hat, um alle in ihrer Organisation zu inspirieren. Es ist auch gut, dass es nicht nur eine einzige leitende Figur gibt; das hängt von der Größe des Unternehmens selbst ab.

Der Anführer muss also ein mutiger, aber bescheidener Mensch sein und er muss sich von ethischen Regeln leiten lassen. Vor allem muss er der Erste sein, der daran glaubt, denn nur dann kann er eine Inspiration sein und gleichzeitig große Erfolge erzielen und das nicht nur für sich oder das Unternehmen, sondern für die ganze Belegschaft des Betriebes und im breitesten Sinn für die ganze öffentliche Gesellschaft. Ein General braucht ein Heer und umgekehrt. Sie sind alle Teile eines Ganzen. Denkt an Menenio Agrippa und an seine Rede über die Körperteile. Als Agrippa 494 v. Chr. mit Erfolg versuchte einen Aufstand des Volkes niederzuschlagen, wo sich das Volk weigerte, weiterhin für Rom zu kämpfen und arbeiten, erzählte er die Fabel des Magens (der Patrizier) und der Gliedmaßen (der Plebejer), wo er zu erklären versuchte, dass sie alle nützlichen Teile eines Ganzen waren und dass niemand auf die anderen verzichten konnte (Titus Livius – Ab urbe condita II, 32).

Apropos ich bitte nochmals um Entschuldigung, wenn ich die meiste Zeit nur den Personalpronomen „er" oder wenn ich „der Manager" oder „der Leader" verwende. Dabei beziehe ich mich, wie gesagt, auf Mann und Frau gleichermaßen.

Zurück zum Leader. Der Leader muss sich sozial und moralisch tragfähige Ziele setzen, er muss einen Einflussbereich um sich herum spüren, auf den er zählen kann, vor allem aber, dem er als Gegenleistung auch Sicherheit und Schutz geben kann. Nur durch Glaubwürdigkeit, persönlichen Einsatz und sozial verantwortliches Verhalten wird er die nötige Anerkennung erhalten und so gemeinsam mit seinen Mitarbeitern innerhalb der Organisation die Ziele erreichen können, die er sich für sein Unternehmen setzt.

Dies immer in der Absicht, die Welt um ihn herum zu verbessern. Natürlich ist das nicht immer einfach, und ich frage mich manchmal, wenn ich in einem Unternehmen arbeiten würde, das Waffen herstellt, woher ich jemals die Inspiration nehmen würde, andere zu inspirieren. Es fällt mir wirklich schwer, aber dann wird mir klar, dass ich in einem Unternehmen arbeite, das *per definitionem* die Probleme seiner Kunden lösen kann und zumindest dazu tendieren muss, den Menschen ein besseres Leben zu ermöglichen. Und das ist ein sehr starker positiver Impuls, der kaskadenartig nach unten wirkt.

Wir sprechen also von einer verantwortungsbewussten und engagierten Führung und setzen sie damit der egoistischen Führung entgegen, die ich nicht selten am Arbeitsplatz erlebt habe. Wer nur Macht- oder Geldziele verfolgt, kann andere sicher nicht inspirieren, oder zumindest, wenn sich jemand dadurch inspiriert fühlt, ist er vielleicht auf dem Holzweg. Geld kann man sowieso nicht in den Sarg mitnehmen und Macht ist ebenso vergänglich. Stattdessen muss die Führungskraft langfristige Ziele anstreben, die sich positiv auf die Menschen auswirken, und damit meine ich alle Menschen. Ich spreche von den Unternehmensinhabern, die ihr Geschäft nicht vernachlässigt sehen wollen; ohne Gewinne und die notwendigen Investitionen kann ein Betrieb nicht leben. Natürlich meine ich auch die Kunden, die ebenfalls offen und ehrlich zu behandeln sind. Ich spreche aber auch von den Kollegen, den eigenen Leuten, die sich frei von Vorurteilen fühlen müssen, um offen und positiv zu handeln, auch frei Fehler zu machen, denn auch Fehler gehören zu unserem Leben und niemand ist davon ausgenommen. Die Menschen, die mit uns mitarbeiten, müssen sich absolut frei fühlen, ihre Ideen zu äußern, und es spielt keine Rolle, ob einige davon manchmal naiv erscheinen: Der Leader wird sich alle Ideen anhören und niemanden verspotten oder lächerlich machen. Jeder Beitrag ist ein Denkanstoß zur Entwicklung oder Verbesserung und aus jedem Funken kann ein Feuer entstehen. Wie ich meinen Kindern immer sage: *„Ihr müsst immer an das glauben, was ihr tut, und ihr müsst immer das tun, an das ihr glaubt*". Man kann manchmal Fehler begehen, aber wenn jemand wirklich einen Beitrag leisten will, muss er dazu in der Lage sein zu versuchen, muss er sich selbst in die Pflicht nehmen können. Eine der größten Qualitäten einer Führungspersönlichkeit ist also gerade das Zuhören, das Schätzen des universellen Genies oder vielmehr der kollektiven Kreativität, die die größte Triebkraft in einem Unternehmen wie auch in der Gesellschaft insgesamt ist. Auch die Politik hört nicht immer zu und ist selbstorientiert. Da lenkt man die breitere Gesellschaft sicher nicht zum Nutzen aller.

Durch eine faire Leadership wird die Innovation, das Handeln, das Ménager zum Ergebnis der Gruppe, einer Gruppe, die frei denken und sprechen kann. Der Chef wird dann nur noch zum Orchesterdirigenten, dessen einzige Aufgabe darin besteht, zu dirigieren, die Teilnahme all derer zu gewährleisten, die dies wünschen, die Funken, Ideen, Hinweise zu sammeln und auf Kurs bringen. Natürlich wird er seine eigenen Ideen auch einfließen lassen. Nur so lassen sich Ziele im Unternehmen definieren und vor allem effektiv und sozial nachhaltig nach innen und außen durchsetzen. Der Leader ist an der Zukunft interessiert, er hat einen langfristigen und keinesfalls einen kurzfristigen Horizont im Sinn, er ist dem Wohl der Gruppe und nicht seinem Eigenen verpflichtet. Die Gruppe, die er geschaffen hat, wird sich auch um sein eigenes Wohl kümmern, denn jede Menschengruppe kümmert sich um ihre Mitglieder, um alle. Daher sind die Konzepte der wirtschaftlichen, ökologischen und sozialen Nachhaltigkeit die logische Konsequenz. Gleichberechtigung, verstanden als der Zugang aller Komponenten zur Mitarbeit im Unternehmen, und die Möglichkeit, eigene Ideen zu verfolgen, stehen dabei im Mittelpunkt.

Aber sind wir sicher, dass konkret in den heutigen Unternehmen die Führungskraft in diesem Licht gesehen wird? Sind wir sicher, dass Offenheit in der Organisation, die Möglichkeit der Meinungsäußerung, das Zuhören und die Teamarbeit die Grundlage unserer modernen Unternehmen sind? Und vor allem, in welchem Unternehmen würden wir gerne arbeiten, in einem Unternehmen mit einer Führungskraft, die fördert, lenkt und erleichtert, oder in einem Unternehmen mit einer Führungskraft, die ausschließlich selbst entscheidet und glaubt, aus der Höhe ihrer nicht immer garantierten Kompetenz und Brillanz, die absolute Wahrheit zu besitzen?

In Wirklichkeit ist es eine erwiesene Tatsache, dass in Unternehmen, in denen ständig hinter Problemen hergejagt wird, in denen kein Raum für Dialog, Austausch und manchmal sogar für Gedanken ist, in denen eine klare hierarchische Pyramide starr für unidirektionale Informationsflüsse sorgt (natürlich von oben nach unten), kaum Innovationen entstehen können. Innovation bedeutet in der Betriebswirtschaft entweder die Schaffung eines neuen Produkts oder einer neuen Dienstleistung oder eine andere Verwendung eines bestehenden Produkts oder Dienstleistung, aber auch und vor allem eine neue Organisation, eine neue Art, bestimmte Produktions- oder Verkaufsprozesse zu konzipieren, und vieles mehr. Und das kommt sehr häufig von „unten". Und die Mitglieder des Teams von Zeit zu Zeit zu befragen, löst das Problem des Zuhörens sicher nicht. Ein Formular per Intranet kann es nicht schaffen. Zuhören ist Teil der DNA erfolgreicher Unternehmen, es ist ein kontinuierlicher, natürlicher Prozess, der tief in den Köpfen, Herzen und der täglichen Routine der Mitglieder einer Gruppe verwurzelt ist.

Stellen wir uns nun einen Kollegen aus einer hoffentlich vergangenen Welt vor, eine Führungspersönlichkeit, der alle im Unternehmen große technische Fähigkeiten zuschreiben und die große Anerkennung geniest. Auf jeden Fall ein Mensch mit klaren Vorstellungen, der genau weiß, worauf er sich konzentrieren und auf welchen Säulen er sein Unternehmen aufbauen will. Er versteht sehr gut, wie die Dinge funktionieren, wie sie aufgebaut und verwaltet werden sollten und vor allem, an wen man sich innerhalb und außerhalb des Unternehmens wenden muss, und schließlich auch, wie man das Image des Unternehmens verbessern, wie man es wiederbeleben kann. Nun, alles gute Eigenschaften, alles sicherlich notwendig, effektive Ideen und Umsetzungen und alles mit einem großartigen Resonanzboden. Genial. Stellen wir uns aber auch vor, dass sich die meisten von diesem „Boss" nicht inspiriert fühlen, dass diese Führungspersönlichkeit die Mitglieder seines Teams nicht zuhören will, dass sie sie schlecht behandelt, dass sie nicht zögert, diejenigen zu beseitigen, die „nicht auf ihrer Denklinie" sind. Natürlich hat sie vielleicht gute Referenzen im Unternehmen, zuverlässige Fachleute, Menschen, die ihr Verhalten besser lenken können, und ihr Erfolg ist sicherlich auch darauf zurückzuführen. Aber ist ein solcher Manager eine echte Führungspersönlichkeit? Ist er mittel- bis langfristig in einer Unternehmensorganisation tragfähig? Ich persönlich glaube das nicht. In der Tat wird eine solche Persönlichkeit trotz hoher Fähigkeiten und Kompetenzen wahrscheinlich von den meisten gefürchtet und gemieden. Niemand wagt es, sie zu widersprechen, zu rebellieren. Viele verlassen das Unternehmen: Es gibt andere Möglichkeiten für fähige Menschen. Es kann ein grenzwertiger Terror sein, und mit Terror kann man offensichtlich eine Unterart von „Führung" ausüben, die gerade aufgrund des ständigen Gefühls des Schreckens die Wachsamkeit aufrechterhält. Aber kann so ein Verhalten inspirieren? Kann das dem Handeln eines Unternehmens einen kontinuierlichen und zukunftsweisenden Impuls geben? Kann es Innovation schaffen? Sicherlich nicht! Es kann kurzfristig in bestimmten Situationen zu Ergebnissen führen, aber das ist eher ein Nebeneffekt, vielleicht sogar zufällig, als eine direkte Auswirkung dieser Art von diktatorischer Führung, denn das Ergebnis ist nie das des Anführers, sondern das der Gruppe, und ich werde nicht müde, das zu wiederholen. Ich habe festgestellt (nicht nur ich), dass die Menschen umso mehr Ideen einbringen, je inspirierter sie sind. Sie nehmen an die Herausforderungen des Unternehmens teil, wenn sie auf fruchtbarem Boden arbeiten können, geschätzt und ohne Ängste sich äußern können und folglich gehört werden. Sicher können einzelne Manager trotzdem etwas bewirken, sie können das Tempo vorgeben, aber niemand wird mich jemals davon überzeugen, dass der Leader allwissend und unfehlbar ist. Auch diese hypothetische Führungskraft, wie sie in diesem fantasievollen (oder etwa realen) Szenario beschrieben wird, kann Fehler begehen (und wer tut das nicht). Der größte Fehler, den eine Führungskraft begehen kann, ist nämlich, nicht zuzuhören oder sogar so weit gehen, dass keiner den Mut hat zu reden. Das Schweigen der Lämmer. Der Chef kann dies auf verschiedenste Art und Weise tun, manchmal unhöflich und gewalttätig, mit beredten Zeichen des Leidens, bis hin zum Werfen von Stühlen während einer Sitzung in einem Anfall von Allmächtigkeit (habe ich bereits erlebt). Oder er kann es auf subtilere Weise tun, indem er vorgibt zuzuhören, lächelt und nickt, aber immer mit dem Ohr und den Gedanken woanders, eine Fassade des falschen Zuhörens (hier fällt mir auch eine gewisse Politik ein, wer weiß warum!). Aber gerade dadurch verliert man die Vielfalt der Ansichten und die unterschiedlichen Blickwinkel, die man nur durch aktives Zuhören der verschiedenen Komponenten eines Systems erfassen kann und die immer wieder zu neuen Ideen, zu Innovationen, zu Verbesserungen führen, von dem, was man vielleicht seit jeher immer gleich und unverändert gemacht hat. Der despotische Führer wird sich stattdessen mit ständig nickenden Leuten umgeben, den so genannten Ja-Sagern, ohne großen Mehrwert, nur um sie bei der ersten Gelegenheit zu entlassen oder manchmal entlassen zu werden (auch schon passiert).

Der wahre Leader, der mit einem echt großen „L" geschrieben wird, wird dies nicht tun. Er wird zuhören und das Beste aus dem kollektiven Denken machen, und er wird es tun, weil er daran glaubt und nicht zu seinem eigenen Vorteil, sondern weil er den Nutzen für das Unternehmen, für die erweiterte Gesellschaft, für die Kollegen, für die Gemeinschaft, für ihre Familien sieht. Es geht um Emotionen und Aufrichtigkeit und nicht nur um technische oder schlimmer manipulative Fähigkeiten. Es geht um einen Ansatz, den das neue Management in Organisationen haben muss, die nicht mehr starr pyramidal aufgebaut sind und allen die Möglichkeit zur Beteiligung geben. Der „Leader" ist ein glaubwürdiger und nicht-autoritärer Manager, eine hierarchische Führungskraft, die sicherlich ihre Verantwortung gegenüber dem Unternehmen und der Außenwelt hat, denn jemand muss die Verantwortung für das Wohl der Vielen übernehmen. Aber er wird, wenn auch, eine hierarchische Führungskraft sein Handeln auf Partizipation, auf Einbeziehung, auf Leidenschaft gründen. Es wird ihm gelingen, diese Leidenschaft auf andere zu übertragen. Er wird jemand sein, der immer wieder lernen will, der sich engagieren will und der nie glaubt, dass er angekommen ist, dass er mit einem Finger den Himmel berühren kann. Dafür ist die Welt zu komplex, flüchtig und wandelbar, und niemand hat die ultimative Wahrheit in der Tasche, und so ist es nun einmal, vor allem heute. Das ist so und bleibt so, auch wenn man ein Kleid von Armani oder eine schöne Krawatte oder eine 5000 €-teure Tasche dazu trägt.

Der wahre Anführer ist dann eben eine Quelle der Inspiration, der es auch versteht, sich für die Gruppe zu opfern, wenn es nötig ist. Er wird das Richtige tun und nicht das, was von Minderheiten mit Hintergedanken gefordert wird, und im Gegenzug wird seine Gruppe im Allgemeinen alles tun, um ihn zu erhalten und zu schützen. Gefühle von Transparenz und Aufrichtigkeit werden der Klebstoff des Teams sein, Zusammenarbeit und Streben nach einem gemeinsamen, ethischen und sozial nützlichen Ziel der Weg sein und Erfolg, einschließlich wirtschaftlichen Erfolges, das Ergebnis sein.

Als ich ein junger Wirtschaftsstudent in Trient war, habe ich nicht über diese Fragen nachgedacht, ich habe diese Wahrheit, diese menschliche Dimension des Unternehmens nicht gesehen. Die Universität hat uns nicht darauf vorbereitet. Das taten die verschiedenen Stufen der Pflichtschulen auch nicht wirklich. Alles basierte auf veralteten Vorstellungen und Schemata, und ich glaube, das ist auch heute noch großteils so, wie ich auch durch meine Kinder erfahren habe. In den universitären Wirtschaftsstudien wird das Unternehmensleben oft vereinfacht und auf einige wenige Merkmale reduziert: Mathematik, Steuerrecht, Buchhaltung, Finanzen, Gewinn und Verlustrechnungen, usw. Aber der ethische Aspekt, der sich in der von mir erwähnten Nachhaltigkeit niederschlägt, die zwischenmenschliche Beziehung, die uns von Inklusion, von Vielfalt, vom Zuhören spricht, wird auch heute nicht ausreichend gelehrt. Formeln, Zahlen, Planstellen, Wirtschaftsdenker, ökonomische Schulen, Managementkontrolle durchdrangen und durchdringen in gewissem Maße immer noch die Köpfe der Studenten von heute und der Manager und Führungskräfte von morgen. Es gibt heute auch Ethikkurse, aber ich weiß nicht wie viele daran teilnehmen und ob sie auch wirksam sind. Da gibt es noch Raum zur Verbesserung.

Ich erinnere mich daran, dass ich mich nach meinem Uni-Abschluss und nachdem ich endlich einige Jahre lang in verschiedenen Unternehmen gearbeitet hatte, mich wieder an der Universität einschreiben wollte. Ich suchte eine gewisse Verbindung zwischen Theorie und Praxis, einen Anschluss zwischen Gelehrtes und Gelebtes. Ich tat das effektiv und schrieb mich an einem neuen, moderneren Studiengang ein, aber immer noch der Wirtschaftswissenschaften, meine Leidenschaft irgendwie. Ich wollte einige Themen vertiefen, die mir damals in den 80er-Jahren im Lehrplan verwehrt waren, weil es sie nicht gab. Dazu gehörten „Human Resources Management", „Production Management", „Organisation" und andere. Es war in der Tat interessant, und ich habe damals auch die entsprechenden Prüfungen mit Gewinn abgelegt, aber es fehlte immer noch eine Spur des exquisiten ethischen Aspekts und der menschlichen Grundlage der Wirtschaft. Also begann ich, diese Dimension in meiner Arbeit zu erforschen, und das nicht ohne Schwierigkeiten. Ich habe in meinen Jahren als Direktor viel mehr aus dem Umgang mit meinen „Teammitgliedern" und aus meinen täglichen Erfahrungen im Unternehmen gelernt als an der Universität. Wahrscheinlich ist das unvermeidbar. Es handelt sich um zwei getrennte Welten, Unternehmen und Universitäten, Gesellschaft und Schule, die sich stärker begegnen sollten, um die Führungskräfte und die Menschen von morgen zu formen. Es gibt Bemühungen in diese Richtung und sie sollen weitergeführt werden.

Ohne Verbindung zwischen Praxis und Theorie wird die Welt verformt. Einige Menschen sind davon besessen, eine hohe Position in der Gesellschaft zu erreichen, eine Führungsrolle in einem Unternehmen zu übernehmen, ihre Macht über andere spürbar zu machen, in einem ursprünglichen Bedürfnis, sich durchzusetzen, oder viel Geld zu verdienen, reich zu werden und diesen fiktiven Reichtum oft mit ins Grab zu nehmen. Welcher kann der Grund sein? Jeder muss „Erfolg" haben, die Werbung sagt das, die Gesellschaft empfiehlt es andauernd, mehrfach die Schule selbst. Aber was für ein Erfolg? Ist das Weltbild, welches wir aus verschiedener Quelle erhalten dann verzerrt? Gewiss. Wir werden ständig psychologisch bombardiert, aber das kann sich ändern. Der größte Reichtum besteht in der Tat darin, der eigenen Intelligenz freien Lauf zu lassen und anderen die gleiche Chance zu geben. Ich bin nicht so naiv zu glauben, dass sich jeder an diesem Plan eines offenen und kooperativen Unternehmens beteiligen will, aber ich bin sicher, dass der wahre Leader in der Lage sein wird, die besten Energien freizusetzen, um viel zu tun, oft auch mit wenig Ressourcen, und einen sehr wertvollen kollektiven Beitrag zu leisten. Herz und nicht Geld, Leidenschaft und nicht Macht, kollektive Kreativität und nicht individuelle Brillanz. Das ist Leadership.

6
Intelligenz

Aufrichtige Führung, Offenheit und Bereitschaft zum aktiven Zuhören, Bescheidenheit und Verantwortungs bewusstsein müssen daher neben der unternehmerischen Kompetenz die wichtigsten Eigenschaften unseres Managements sein. Dann muss man sich eingehender damit befassen, wie man nachhaltig auf seine Teammitglieder zugehen kann. Es gibt keine bestimmten Rezepte, denn alles kommt vom Herzen, dem Gefühle, mit dem richtigen Maß an Sensibilität und Intelligenz. Also führen mit Kompetenz, mit dem Hirn und mit dem Herzen.

Also auch die Intelligenz ist ausschlaggebend. Aber wie ist das gemeint? Man kann an dieser Stelle nicht vermeiden, über emotionale und soziale Intelligenz zu sprechen und darüber, wie diese das Verhalten der Menschen beeinflussen. Das sozial verantwortliche Verhalten von uns allen – Managern, Entscheidungsträgern, Politikern, Einflussnehmern, usw. – ist die erste Säule des nachhaltigen Erfolges. Das gilt immer, im privaten oder im beruflichen Leben. Von besonderer Bedeutung ist dies im Unternehmen, wo

R. Hopfinger, *Managen auf Südtirolerisch*,
https://doi.org/10.1007/978-3-658-50843-2_6

sich die meisten unserer sozialen Interaktionen abspielen, wo wir unzählige Stunden verbringen und wo wir stark Einfluss auf unsere Mitmenschen haben. Der sozialen Nachhaltigkeit muss in der Tat in der wirtschaftlichen Diskussion immer mehr Raum gegeben werden, um das moderne menschliche Verhalten zunehmend von dem „Tier", das immer noch in uns wohnt oder zumindest in vielen von uns, zu unterscheiden. Im Grunde ist dies ein spiritueller Weg, dem sich die Menschheit noch vollstellen muss. Menschen als Menschen behandeln, ist also intelligent und hat gleichzeitig mit Emotionen zu tun. Hirn und Herz wie ich schon sagte.

Es gibt viele Definitionen von emotionaler und sozialer Intelligenz und noch mehr Interpretationen. Einer der Initiatoren dieser Konzepte war Daniel Goleman, ein kalifornischer Psychologe, der mit dem Bestseller „Emotionale Intelligenz" bekannt wurde, dem er 2006 das Buch „Soziale Intelligenz" folgen ließ. Er war nicht der Erste, der von sozialer und emotionaler Intelligenz sprach. Vor ihm hatte bereits in den 1920er-Jahren Edward L. Thorndike das Konzept der sozialen Intelligenz eingeführt und zwei andere amerikanische Wissenschaftler, Peter Salovey und John D. Mayer, ebenfalls Psychologen, hatten den Begriff der Emotionalen Intelligenz zum ersten Mal definiert. Aber Goleman gebührt der Verdienst, den Begriff der emotionalen Intelligenz auf das Konzept der sozialen Intelligenz auszuweiten und auf unser tägliches Leben und in das Unternehmen angewandt zu haben. Emotionale Intelligenz kann daher, als eine Facette unserer Intelligenz definiert werden, die sich auf das Verständnis unserer eigenen Emotionen und der Emotionen unserer Mitmenschen konzentriert. Das heißt, emotionales Bewusstsein und Selbstbeherrschung. Soziale Intelligenz hingegen wird eher als die Fähigkeit verstanden, positive soziale Beziehungen zu anderen aufzubauen. Das ist in meiner Interpretation Respekt und soziale Positivität in unserem Handeln. Ich habe aber erlebt, dass einige dies mit Manipulation verwechseln. Das ist es sicher nicht! Ich werde auf das Thema zurückkommen. Es geht hier um emotional reiche Interaktionen sozialer Art, die sich unweigerlich auf unser Gehirn und unser tägliches Verhalten auswirken; sie sind in der Tat die Wurzel unserer Existenz.

Manche mögen sich fragen, warum psychologische und soziale Studien, die sich mit Emotionen befassen, für Unternehmen von Interesse sein sollten. Schließlich sind die Unternehmen, an die man uns gewöhnt hat, in unserer Wirtschaft mehrfach nur noch eine Ansammlung von Ressourcen, die auf ein Ergebnis, ein Produkt oder eine Dienstleistung ausgerichtet sind. In dieser Perspektive stellen Unternehmen einen physischen Platz dar, wo wir Menschen ganz einfach nur unsere Arbeitskraft verkaufen können. Deshalb lag der Schwerpunkt lange Zeit auf der meist hierarchischen und geschlossenen Organisation des Unternehmens. Ziel war die Qualität des Produkts, verstanden als die Qualität der Gesamtheit der Komponenten, die in einer materialistischen Sichtweise in das Endprodukt eingehen, Human Resources inbegriffen. Von Bedeutung war dann die Fähigkeit der Manager, Gewinne zu erzielen, und der Marketingleute, auf die Wünsche potenzieller Käufer einzugehen, auch wenn man oft dabei nur Scheinbedürfnisse zu schaffen versuchte und vor allem heute versucht. Das Endergebnis stand – und steht oft immer noch – im Mittelpunkt eines falschen Verständnisses von kontinuierlichem Wachstum: mehr und mehr an die Kunden verkaufen, mehr und mehr Effizienz von den Produktionsfaktoren erhalten (sagen wir Mal: Boden, Arbeit und Kapital). Über die menschliche Dimension der Human Resources, also des Faktors „Arbeit“, die dem Ganzen zugrunde liegt, wurde hingegen wenig, zu wenig gesagt, wie ich schon betont habe. Die Menschen waren und sind noch nur ein Teil der Ressourcen, eine Ware. Diese sind zwischenzeitlich in aller Munde in unseren westlichen reifen Volkswirtschaften und jeder schwört, dass man sie in den Mittelpunkt der eigenen Aufmerksamkeit gestellt hat. Aber sind wir sicher, dass der Mensch ins Zentrum gestellt wurde, als Hauptbestandteil jedes Unternehmens? Ich persönlich glaube das nicht, auch wenn dieses Konzept offensichtlich in vielen, meistens kleinen Unternehmen, auch in Südtirol, erfolgreich angewandt wird, ohne zu bedenken, dass sich auch viele große Unternehmen weltweit an diesen Konzepten versuchen, mit Erfolg oder manchmal auch nicht. Der Weg um die Arbeit nicht nur als Produktionsfaktor zu betrachten ist noch lange. Gerade deshalb ist es wichtig, sich der Bedeutung der Menschen – im Guten wie im Schlechten – für das ethisch positive Gelingen jeder Leistung bewusst zu sein. Es sind die Menschen – und nur die Menschen – mit ihrem Wert, die den Unterschied ausmachen. Die Künstliche Intelligenz wird uns gewiss auf Probe stellen, aber die Menschen sind unersetzbar, gerade weil wir Menschen sind, die mit menschlichen Gefühlen für die Menschen arbeiten, für die Zukunft der Menschen. Wenn ich geboren bin, waren wir etwa 3,5 Mrd. Menschen auf der Erde; heute sind wir mehr als doppelt so viele. Warum leben, arbeiten oder agieren wir, wenn nicht um die Lebensbedingungen der Menschheit zu verbessern, hoffentlich einer immer umweltbewussten und nachhaltigeren Menschheit? Wir schaffen es. Ich sage es noch einmal: die Welt ist besser als man denkt!

Wir befinden uns heute in einer zweigeteilten Zivilisation, die einerseits die Erfolge Einzelner verherrlicht, sie anpreist und mehrfach mythologisiert (Elon Musk, John D. Rockefeller, Bill Gates, Jeff Bezos, Warren Buffet, etc.), und andererseits den Beitrag von Gruppen von Menschen, sagen wir, von gewöhnlichen, schweigsamen und arbeitenden Menschen, wie die meisten von uns, unterbewertet und vernachlässigt; Menschen, die nicht in den Schlagzeilen stehen. Und noch dazu verherrlichen wir die Technologie, die nicht selten genau diese Menschen übermitteln (ich sage übermitteln und nicht erfinden). Man braucht nur die ersten Stellen der Rangliste der reichsten Menschen der Welt anzuschauen, um das zu verstehen. Es ist in der Tat effektiv einfacher, das einsame Genie zu verherrlichen. Während Menschen wie Albert Einstein, Steve Jobs oder Michael Jackson in ihren jeweiligen Bereichen als Stars gelten, die dank ihrer persönlichen Qualitäten Außerordentliches geleistet haben, ist die Rolle des gewöhnlichen Menschen im Laufe der Zeit verflacht.

Dass ein Mensch an der Spitze allein nichts bewegen kann, sollte einleuchten. Wir sind groß und erfolgreich gerade deswegen, weil wir uns in einer Gruppe bewegen. Natürlich sind Manager jene die sich regelmäßig die volle Verantwortung auf die eigene Schulter nehmen, aber sie sind nicht allein. Und es stimmt das gewisse Menschen Großes leisten, aber wir neigen dazu zu denken, dass dieser oder jener Mensch den Verdienst eines Erfolges alleine trägt. Leider liegt dies mehrfach an den Bildungsinstitutionen selbst, die häufig nicht in der Lage zu sein scheinen, weder das Potenzial der Einzelnen hervorzuheben, aber noch und vor allem den Geist der Zusammenarbeit zwischen kleinen Gemeinschaften zu fördern. Immer wieder verherrlicht man dann, die Ergebnisse der Einzelnen, die oft von sich aus in einer Gruppe herausragen, und die anderen werden vernachlässigt. Sicherlich haben aber viele der großen Genies den Olymp der Unsterblichkeit auch dank anderer Weggefährten erreicht, die ihnen „im Team", würde man heute sagen, zur Seite standen und die ihnen die richtigen Impulse gaben, sie lenkten, sie beeinflussen konnten. Das soll ihr Flair nicht schmälern, aber auch sie haben ihren Erfolg im Wesentlichen auf den Ideen und Beiträgen anderer aufgebaut. So beeinflusste Wozniak, Steve Jobs, so beeinflusste die Arbeit anderer Musiker Michael Jackson, der auch wegen Plagiats verklagt wurde, ob wahr oder nicht. In gleicher Weise werden wir ständig von unseren Mitarbeitern beeinflusst. Wir sind also alle miteinander verbunden, d. h. auch mit dem Geist und der Intelligenz derer, die mit uns arbeiten oder uns umgeben. Der einzige Unterschied ist unsere Aufnahmefähigkeit und Aufgeschlossenheit. Es gibt in der Tat Männer und Frauen, die mit uns die Ergebnisse erzielen. Wir sind also Leiter eines Orchesters, wie ich bereits festgestellt habe, und wenn ein oder mehrere Instrumente schlecht spielen, leidet das Ergebnis. Wenn wir uns nicht alle an den Rhythmus halten, erreichen wir auf die gleiche Weise nichts. Aber den einsamen Mann oder die einsame Frau, die alleine das Sagen haben, gibt es nicht in dem fiktionalen Sinne, wie wir es gewohnt sind. Es ist eine reine Vereinfachung. Soziale Intelligenz ist daher nichts anderes als der Austausch von Emotionen und das Einstimmen auf unsere Kollegen, und das nicht aus Interesse, sondern aus einem Geist der Geselligkeit heraus, weil es richtig ist und sicher nicht, um sich über sie lustig zu machen, wenn sie etwas Falsches sagen oder machen. Und nur so erreichen wir ein gesellschaftlich nützliches Ergebnis, das sich bei entsprechender Kompetenz zunehmend in den Erfolg des Unternehmens selbst übersetzt. Leider wird die Wirklichkeit von einigen Leuten in unserem Wirtschaftsgefüge anders interpretiert: ich sprach von Manipulation. Gewisse Menschen glauben, dass soziale Intelligenz einfach nur ein Mittel ist, um das Beste aus den Menschen um uns herum herauszuholen, nicht unbedingt in einem positiven Sinne; nicht selten eine elegante Art zu sagen, dass man seinen Nächsten übers Ohr hauen muss, um seine eigenen Ziele zu erreichen (schließlich „heiligt der Zweck die Mittel“, eine Aussage, die zu einem Sprichwort geworden ist, das nicht zufällig von Machiavelli in einer sehr turbulenten Zeit der Geschichte von Florenz geprägt wurde). Hier sind also diejenigen gemeint, die unorthodoxe Systeme anwenden, um das Beste für sich herauszuholen, und die das Engagement ihrer Mitarbeiter immer wieder mit Versprechungen hochhalten, ohne die Absicht zu haben, diese einzuhalten. Dabei kann es sich um Beförderungen, wirtschaftliche Verbesserungen oder auch nur um falsche Komplizenschaft und Freundschaft handeln, die keinerlei Grundlage in der Wahrheit haben. Dieses parasitäre Verhalten wird dann auch durch ständige Wechsel der Positionen im Stellenplan erleichtert, die es ermöglichen, von einer Struktur zur nächsten zu ziehen, um die Welt der Lügen und Unwahrheiten wieder aufzubauen, wie gefräßige nomadische Heuschrecken. Man könnte das als berufliche Mobilität bezeichnen und sie wird mehrfach gerade dazu missbraucht, Beziehungssysteme zu destabilisieren. Aber die Menschen sind nicht so naiv, und meistens lesen sie die Aufrichtigkeit der Absicht in den Augen des Managers. Und wie viele Chefs hattest du schon? Wie lange stehst du schon an der Spitze einer Organisationsstruktur oder bist Teil eines erfolgreichen Teams? Wie ist dein Verhältnis zu deinen Kollegen? Oder noch, wenn du dich jetzt entschieden hast, eine Karriere im Management einzuschlagen, wie willst du die Rolle interpretieren? Leader im wahrsten Sinne oder Heuschrecke?

Ich glaube nicht, dass das oben beschriebene parasitäre Verhalten als soziale Intelligenz definiert werden kann. Wenn schon asoziale Intelligenz. Vielleicht sollte nun ein weiterer Begriff geprägt werden, damit der Sinn klarer definiert werden kann, nämlich sozial-ethische Intelligenz. Der Begriff bewegt heute erst die ersten Schritte, ist aber zukunftsfähig.

Betrachten wir aber doch einmal die Entwicklung, die die Arbeitswelt heute durchmacht. Die Produktion von Industriegütern wird zunehmend automatisiert und konzentriert. Die meisten unserer intellektuellen Berufe setzen dagegen ein zunehmendes Maß an Selbstorganisation, ständiger Diskontinuität und Autonomie voraus. Jahrelang war der Mensch auf eine Nummer reduziert worden, die eintönige und einfallslose Arbeit verrichtet. Heute gewinnen Argumentation, Zusammenarbeit und Vernetzung immer mehr an Bedeutung. Die Arbeit eröffnet zeitliche und räumliche Horizonte, die noch vor wenigen Jahren unvorstellbar waren. Immer mehr Unternehmen haben keine Fabriken oder Gebäude mehr, in denen sie ihre Mitarbeiter versammeln können, sondern sie werden in größeren Räumen, in der ganzen Welt, verstreut, wie viele Mitarbeiter von Google oder Microsoft, aber nicht nur. Die Arbeit wird für viele zu einem Amalgam, in dem sich Familie, soziale Beziehungen und andere Interessen vermischen, ohne räumliche und zeitliche Grenzen und mit dem starken Bedürfnis, das eigene Leben neu zu organisieren, was ebenfalls ein enormes Potenzial hat. Doch gerade deshalb sind Vertrauen und eine echte, transparente, ich sage mal intelligente und offene, Beziehung zwischen den Menschen von grundlegender Bedeutung. Die menschlichen Verhältnisse müssen wie nie zuvor von einem Gefühl für Ethik durchdrungen sein. Unsere Art, sozial zu sein, verändert sich. Und ich beziehe mich nicht auf Facebook oder ähnlich Schein-soziale Initiativen, die größtenteils die Unwahrheit von flüchtigen Beziehungen ohne jegliche Grundlage der Aufrichtigkeit darstellen. Wir werden immer mehr verbreitet und gleichzeitig eng zusammenarbeiten müssen. Wir werden immer mehr virtuell, aber ehrlich sein müssen.

Man kann also sagen, dass unsere Unternehmen sicherlich immer mehr zu einer Echtheit der Beziehungen auf allen Ebenen tendieren müssen, die immer weniger hierarchisch und immer offener sind. Das kann Frauen und Männern im Betrieb die Möglichkeit bieten, jene positive Atmosphäre der Zusammenarbeit und des gemeinsamen Strebens einem Ergebnis – nicht nur wirtschaftlich oder rein zahlenmäßig – zu schaffen und dies ist die Voraussetzung für den Erfolg des Unternehmens selbst. Der Rest kommt von selbst. Auf diese Weise wird auch das Betrugsrisiko stark reduziert, die Aufmerksamkeit für den Endkunden oder die Umwelt erhöht und die Arbeitszeit zu einem Konzept zweiter Klasse.

Kurz gesagt: Vieles hängt von unserem Bildungshintergrund ab und wir müssen uns bemühen, das Arbeitsumfeld umzugestalten, es in eine Gemeinschaft zu verwandeln, die von einer echten und transparenten Geselligkeit durchdrungen ist, die letztlich darauf abzielt, uns allen ein besseres Leben zu ermöglichen. Das ist Intelligenz, die meiner Meinung nach auch für das Unternehmen Früchte trägt, während Heuchelei es tötet. Schließlich ist es eine Verpflichtung für uns Manager, es ist unsere Chance, eine bessere Welt für unsere Kinder zu schaffen. Sie ist die Grundlage für unsere eigene Leistung. Ohne verantwortungsvolles und ehrliches Verhalten kommen wir nicht weiter und können niemanden für etwas motivieren. Das ist intelligent. Lasst uns daran glauben!

7
Mut und Stolz

Eine Führungskraft zu sein, setzt wichtige Verpflichtungen, Fähigkeiten und Verantwortlichkeiten voraus. Leider sehe ich aber wiederholt, dass es den Menschen an Mut fehlt. Genauso wie es vielen ein sozialer Zusammenhalt, ein gesunder Pragmatismus, das Streben nach einem gemeinsamen Ziel, die Zusammenarbeit ohne Hintergedanken, fehlt. Mut geht in vielen Fällen Hand in Hand mit Teamgeist; wenn das eine fehlt, fehlt nicht selten auch das andere. Und dies auf allen Ebenen und in den verschiedenen Institutionen, Unternehmen, auch in den Schulen, sogar in der Familie. Stattdessen überwiegen vermehrt Angst, Leichtsinn, Nutzlosigkeit, Individualismus, Angeberei, kurzum das Streben nach dem kürzeren Weg, und vor allem die Schaumfabrik des Bla-bla-blas. Aber nicht nur das. Den verschiedenen Verkäufern von Illusionen, die uns umgeben, fehlt es an Maß, an einem minimalen Schimmer von gesunder „Leidenschaft zu tun", die hingegen durch eine „Leidenschaft zu reden" ersetzt wird. Bla, bla, bla. Wie schön ist es,

R. Hopfinger, *Managen auf Südtirolerisch*,
https://doi.org/10.1007/978-3-658-50843-2_7

sich selbst zuzuhören, ein ständiges auditives Selfie der Narzissten. Es ist das Echo der eigenen Stimme, die die anderen zu überwältigen versucht.

Was wir stattdessen brauchen, sind mehr kompetente und leidenschaftliche Frauen und Männer, die ihre Spuren auf der Erde hinterlassen wollen, zum Wohle der Gemeinschaft, des Unternehmens, für das sie arbeiten, ihrer Familie, unserer Kinder. Da wird Mut gebraucht, Verantwortung zu übernehmen. Da wird Stolz gebraucht, einen positiven Beitrag leisten zu wollen. Stattdessen überwiegt immer mehr die Gier nach materiellen Gütern, das Streben nach Macht und Ruhm und der Wunsch, einen unauslöschlichen Abdruck des eigenen „Ichs" zu hinterlassen, irgendein Zeichen, nur ein Symbol der Präsenz, auch wenn es manchmal bedeutungslos ist, vielleicht um die Verdienste anderer zu stehlen, einen günstigen Moment auszunutzen, ohne selbst zu riskieren, ohne Mut. Für diejenigen, die weniger Gelegenheiten haben, reicht vielleicht sogar nur ein nettes Foto mit einer berühmten Persönlichkeit, um es in den sozialen Medien zu veröffentlichen, ein Augenblick der Berühmtheit, des Rampenlichts, über den man bis zur Erschöpfung erzählen und berichten kann. Viele Führungspersönlichkeiten hatten neulich, nach dem Tod von Papst Franziskus, ihr Foto mit dem Papst in den sozialen Medien veröffentlicht. Das heißt so gut wie: „Hey, schaut mal her, wie wichtig ich bin: ich hatte auch den Papst kennengelernt." Auch einige Manager. Man nutzt alles aus, für ein wenig Ruhm. Papst Franziskus hat eigentlich Millionen Menschen an den Generalaudienzen im Päpstlichen Haus willkommen geheißen. Mit einem Gebet hätte man mit viel mehr Ehre dem Papst gewürdigt. Was zählt, sind hingegen Aussehen und Genuss.

Und noch dazu kommt für viele das Syndrom der glücklichen Stunde, des „Rausches des Loslassens", vielleicht mit

Hilfe von Drogen, wie wir häufig in den Zeitungen lesen. Es geht um die Spannung auf das befreiende Wochenende, auf den Urlaub an einem exotischen Ort, um dann Freunde und Verwandte mit nutzlosen Posts zu überhäufen, oder auf den begehrten Ruhestand, von dem man schon 10 Jahre vorher spricht. Alles dreht sich um die Angst vor dem „Gewöhnlichen", dem „Normalen". Man flüchtet, man läuft weg. Man will nicht gewöhnlich sein. Wir sind besser, wir sind außerordentlich: wir alle. Man denkt an das Spätere, an die Flucht aus der Realität, an die verdiente oder oft auch unverdiente Belohnung. Die Gesellschaft ist durchdrungen von „Rechten und Ansprüchen" anstelle von „Rechten und Pflichten". Was nach uns kommt, spielt keine Rolle. Wenn wir eine schlechtere Welt hinterlassen, liegt es nicht an uns, sie dann zu verwalten. Das ist das Problem von jemand anderem. Das geht uns nichts an. Es ist die Angst, sich den wirklich wichtigen Fragen zu stellen. Für diejenigen, die wirklich daran interessiert sind, einen Beitrag für die Welt zu leisten, gibt es keinen Aufschub, sondern man tut das Beste so lange wie möglich, vielleicht an die eigenen Möglichkeiten angepasst, aber stets mit den Folgen der eigenen Handlung klar im Kopf, mit Mut. Und am Ende lautet die Frage, die allerwichtigste Frage, vielleicht die einzige Frage: „welche Welt werde ich meinen Kindern, den neuen Generationen hinterlassen?" Es ist nicht so schwierig. Es braucht aber Mut, nachhaltig, respektvoll und gerecht zu sein.

Das Fehlen an Mut drückt sich auch auf andere Weise aus, hat viele Gesichter. Eines davon ist eine Angst, die viele Menschen kennzeichnet, auch Manager. Es ist die Angst, denen zu widersprechen, die mehr Macht haben; die Angst, die eigenen Ideen frei zu äußern, was sich nicht selten auch in der Angst äußert, Spuren von fragwürdigen Befehlen zu hinterlassen, an die wir selbst nicht glauben, die von oben kommen und die wir an unsere „Untergebenen“ weitergeben. Es ist in gewisser Weise der Geist, der in der Vergangenheit auch den Extremismus gedeihen ließ: blinde Gehorsamkeit (oder besser gesagt „die Banalität der blinden Gehorsamkeit“, wenn Hannah Arendt das zulässt). Viele Länder der Welt sind heute de facto Diktaturen, aber auch ein Unternehmen oder eine Familie kann eine Diktatur sein. Natürlich ist es nicht selten ungesund, denjenigen zu widersprechen, die über unser Schicksal entscheiden können (meinen Kindern ist das ohne Folgen gelungen, aber das ist ein anderes Thema). Vor allem ist das schwierig, wenn diese Menschen nicht in der Lage sind, andere Meinungen zu akzeptieren, oder ohnehin unter einem übertriebenen Selbstwertgefühl und einer übertriebenen Selbstreferenzialität leiden. Die Förderung des Meinungs- und Gedankenaustauschs ist nicht jedermanns Sache, egal in welchem Umfeld, ebenso wie es nicht jedermanns Sache ist, Kritik anzunehmen, auch wenn sie konstruktiv ist. Die Arroganz desjenigen, der glaubt, alles zu wissen, führt unweigerlich dazu, dass er sich, wie ich bereits festgestellt habe, mit Ja-Sagern umgibt, mit gehorsamen Menschen, die die Komfortzone bestimmter negativer „Führer“ vergrößern. Leider geht dies jedoch zu Lasten der Gesamteffizienz (und Gerechtigkeit) des Systems. Wer sich mit Leuten umgibt, die in jeder Hinsicht nachgiebig sind, hat es schwer, sich die Vielfalt der Standpunkte zunutze zu machen, die in vielen Fällen innovativ sind und die eigenen Standpunkte ergänzen, um die Entscheidungsfindung zu verbessern. Dann werden Fehler begangen. Damit tötet man die Innovation oder – wenn wir von Qualitätssystemen sprechen – die so genannte kontinuierliche Verbesserung. Manchmal geht die Angst jedoch nicht von einem Vorgesetzten aus, sondern von einem kranken System, das systematisch Hexenjagd betreibt, das den unbändigen Wunsch hat, zu bestrafen, auch wenn es keinen Schuldigen gibt. Das ist die verständliche Angst der „Pauschaljustiz“, nicht der Justiz. Wer Entscheidungen zu treffen hat, wird daher wiederholt von tausend Zweifeln, tausend Ängsten geplagt. In Italien gibt es kaum einen „Entscheidungsträger“, der nicht in das Register der Verdächtigen aufgenommen wird, natürlich immer im Nachhinein, und in der Tat ist man schuldig, nicht unschuldig, bis die Unschuld bewiesen wird. Die Presse und die Medien erledigen im Allgemeinen den Rest, sie brandmarken sie unauslöschlich. Gegen eine Reihe von Managern, die ich kenne, wurde ermittelt, einige wurden sogar vor Gericht gestellt und einige sogar verurteilt. Häufig aus Gründen der Arbeitssicherheit, oder wegen angeblichen Amtsmissbrauchs oder ähnlichem, was sich (sehr oft) als unbegründet herausstellte. Das ist der Pragmatismus des Systems, der gefehlt hat. Wenn man immer im Hinterkopf haben muss, was ein Richter interpretieren könnte, sind wir dann sicher, dass der Manager im Sinne der Gesellschaft als Ganzes handeln kann? Sind wir sicher, dass er das noch möchte, vor allem wenn es um einen rechtschaffenen Menschen in gutem Glauben ist? Oder hat das als Folge, dass man mit angezogener Handbremse arbeitet, ohne Mut?

Ein Beispiel dafür ist die Coronavirus-Krise, die berüchtigte COVID-19 Pandemie. Das Fehlen von Schutzmasken, das leider eine Mitursache für Todesfälle unter Ärzten und Krankenhauspersonal zu sein scheint, hat dazu geführt, dass bei der Staatsanwaltschaft mehrere Verfahren gegen Entscheidungsträgern in und um den Spitälern eingeleitet wurden, die sich nach Ansicht einiger Beteiligter schuldig gemacht hatten, den Ärzten, den Kollegen ein sicheres Arbeiten nicht ermöglicht zu haben. Sicherlich gab es in dieser Krise Spekulanten, nachlässige Benehmen und Menschen, die absichtlich und unverzeihlich einen Vorteil aus einer ernsten Situation ziehen wollten. Aber nun versetze ich mich für einen Moment in die Lage derjenigen, die in gutem Glauben gehandelt haben, und ich glaube, das sind die Mehrheit. Wir gehen von der offensichtlichen Annahme aus, dass es keine geeigneten Masken in der Art und Menge auf dem Markt gab und die einzig mögliche Lösung zum hundertprozentigen Schutz aller Mitarbeiter darin bestanden hätte, sie nicht arbeiten zu lassen, da es unmöglich war, diese Mitarbeiter auf andere Weise vernünftig vor einer möglichen Ansteckung zu schützen. Hätten die Ärzte an diesen Tagen nicht gearbeitet und sich dabei nicht der Gefahr ausgesetzt, selbst zu erkranken, wären wahrscheinlich viele weitere kranke Bürger nicht gerettet worden. Hätten die Manager der Krankenhäuser alle nach Hause geschickt, wären sie und wahrscheinlich auch die Ärzte selbst wegen unterlassener Hilfeleistung angeklagt worden. Wie kommt man aus einer solchen Situation heraus? Übertragen auf den Verkehrssektor könnten wir in einem ähnlichen Fall vor dem Dilemma stehen, entweder die Fahrten in den öffentlichen Verkehrsmitteln zu ermöglichen und die Gesundheit der Menschen nicht voll und ganz vor Viren zu schützen oder vielleicht den öffentlichen Dienst gar zu unterbrechen (unter dem Motto keine Reise in den Verkehrsmitteln, keine Risiken). Natürlich ist es immer wichtig, die Gesundheit der Menschen zu schützen, und das wurde auch getan, in einer Balance zwischen reduzierten Dienst und stark reduzierten Gesundheitsrisiko, aber wir befinden uns so oder so immer im Bereich des Strafrechts, und im Nachhinein würde es immer jemanden geben, der mit dem Finger auf uns zeigt. Dessen kann man sicher sein.

Nun möchte ich die oben beschriebenen Ängste in einer Übung kombinieren, die einigen seltsam vorkommen wird, aber wenn du, mein Leser, der Argumentation folgst, werde ich mich vielleicht verständlich machen können. Man kann dies in jedes Unternehmen und in jedem hierarchischen

Umfeld unserer modernen Gesellschaft übertragen. Die *Angst vor dem Gewöhnlichen* treibt viele Menschen dazu, die Karriereleiter hochzuklettern. Keiner will einer von vielen sein und wir wurden regelrecht seit klein auf bombardiert, Erfolg (vor allem wirtschaftlich gesehen) zu suchen. Wir alle wollen uns hervortun (oder „hervorsagen"), in Erinnerung bleiben, manche aus edlen Motiven, andere aus Gier nach Reichtum und Macht und nicht alle immer mit den richtigen Fähigkeiten und Eigenschaften. Schließlich möchte jeder nach einem Studium oder harter Arbeit seine Verdienste anerkannt sehen. Einige wollen wachsen, unabhängig davon, wie viel sie für ihr Engagement ausgegeben haben. Viele denken jedoch, dass Anerkennung nur die Karriere ist, d. h. ein konkreter und sichtbarer Weg und sicherlich kein spiritueller Weg, und versuchen daher Schritt für Schritt, ihren Grad der Anerkennung in der Organisationsstruktur zu erhöhen. Einige mit gewöhnlichen Methoden, andere mit weniger orthodoxen Methoden, die nicht selten über das eigene Kompetenzniveau hinausgehen. Erinnerst du dich an den Grundsatz von Peter, der besagt, dass man bis zum Niveau der eigenen Inkompetenz befördert wird und dann dortbleibt? Nun liegt es auf der Hand, dass diejenigen, die mühsam eine hohe Stufe auf der hierarchischen Leiter ihrer Organisation erreicht haben, insbesondere diejenigen, die ihre eigene Inkompetenzstufe erreicht haben, das Erreichte um jeden Preis erhalten wollen, von einigen Ausnahmen abgesehen. Daher wird der Manager oder die Managerin nur ungern denen widersprechen, die – höhergestellt als er oder sie – über sein oder ihr Schicksal entscheiden können. Daher ist die *Angst vor Widerspruch* besonders groß und führt leicht dazu, dass der Einzelne sich in die Rolle des Ja-Sagers oder der Ja-Sagerin begibt und statt innovativer Beiträge zu leisten, dazu neigt, sich dem allgemeinen Denken anzuschließen. Dies führt zu einer immer stärkeren Verhärtung des Systems, die nur durch heftige Episoden verändert werden kann. Es genügt zu sehen, dass die größten Innovationsschübe der Menschheit immer das Ergebnis von einschneidenden Ereignissen waren, die bestehende Strukturen erschütterten (ein Krieg, eine wirtschaftliche oder politische Krise usw.). Wenn wir uns dann noch von der *Angst des Justizialismus* packen lassen, der als mächtige Bremse für diejenigen wirkt, die etwas bewegen wollen, und der auch Kind des heute so weit verbreiteten Populismus ist, können wir gut verstehen, dass die Unbeweglichkeit perfekt ist. Die Welt wird starr.

Es braucht also Mut, diesen Teufelskreis zu durchbrechen. Wir Manager müssen heute mehr denn je dazu beitragen, das Paradigma zu ändern. Wir müssen, immer mit der gebotenen Gnade und niemals mit Arroganz und Pedanterie, unsere Ideen darlegen, denn es ist nicht mehr die Zeit des Managers, der allein das Kommando übernimmt, des allwissenden Diktators, der bereits die absolute Wahrheit besitzt und nur noch Befehlsausführende hat. Die heutige Welt ist voller Komplexität und ständiger Veränderungen und Umwälzungen und braucht den Beitrag aller Hierarchieebenen, von der höchsten bis zur niedrigsten, von denen jede, einen mehr oder weniger wichtigen Teil des Ganzen kennt. Die Schnelligkeit der Änderungen kann man nicht allein überwinden. Wir müssen dann mit Mut und konstruktivem Geist immer unsere Meinung äußern, auch wenn sie manchmal nicht erwünscht ist, aber nur so kann die Gesellschaft als Ganzes wachsen und sich entwickeln. Wir müssen als Unternehmen auch den Mut haben, gegen ein rüpelhaftes und verzerrtes System der Schnellgerichtsbarkeit vorzugehen. Kurzum, wir müssen – jeder für sich – dazu beitragen, jenes Maß an Pragmatismus und Korpsgeist für ein gemeinsames Ziel zurückzugewinnen, das in opulenten Gesellschaften leider fast immer verloren geht. Ich sehe um mich herum Menschen, die so denken wie ich, Menschen, die sich in vielen Unternehmen aufrichtig um das Wohl der Gemeinschaft bemühen. Ihnen muss mehr Raum gegeben werden, und in den Unternehmen müssen übergreifende Netzwerke geschaffen werden, die den Austausch von Ideen und Meinungen verstärkt ermöglichen. Die traditionelle Struktur der streng hierarchischen Unternehmen ist vorbei. Natürlich behält jeder seine Rolle, und jeder hat ein unterschiedliches Maß an Kompetenz und Verantwortung, aber intelligente und leidenschaftliche Menschen müssen immer die Möglichkeit haben, frei und ohne Angst vor Repressalien ihren Beitrag zu leisten. Intelligenz, guter Glaube, Pragmatismus und Netzwerke des intellektuellen Austauschs müssen in den richtigen Formen und an den richtigen Orten Hand in Hand gehen, um die Ausbreitung von offensichtlich nicht intelligenten Personen zu vermeiden. Ich bin optimistisch und sehe eine Zukunft, in der die Menschen immer weniger an negativen Systemen gebunden sind und frei sind, einen positiven Beitrag zu leisten. Aber ich sehe natürlich auch Fallstricke, die bewältigt werden müssen, angefangen bei der fehlenden Bildung in der Ethik und der falschen Einschätzung des Wertes von den Menschen ohne jegliche Vorurteile. Aber ja, ich sehe eine gute Zukunft, die sich aus den Fetzen abgenutzter und unangemessener Klischees entwickeln kann. Auch hier muss die herrschende und politische Klasse den Mut haben, die Dinge zu ändern, zu vereinfachen und ehrlicher zu machen gegenüber denen, die ihre Verantwortung zum Wohle aller wahrnehmen wollen. In gutem Glauben kann man immer Fehler machen, aber der größte Fehler ist es, stehen zu bleiben und keinen Mut zu haben. Nur so können wir stolz auf das sein, das wir aufgebaut haben. Kein Geld kann das ersetzen.

8 Kreativität

Ich schrieb von Kompetenz, Leadership, Intelligenz und Mut. Aber kann Management überhaupt eine Kunstform sein? Was ist das denn für eine Idee, fragst du dich vielleicht, lieber Leser. Das ist doch Unsinn! Es ist jedem klar, dass ein Manager, der viel zu tun hat, mit gerunzelter Stirn, autoritärem Blick und leicht erhobenem Kinn, alles andere als ein Künstler sein kann. Er ist seriös und verantwortungsbewusst und wendet alte Managerweisheiten und unmissverständliche männliche Rituale an. Ja männlich ist ja klar! Er ist derjenige, der befiehlt, er ist derjenige, der das Tempo vorgibt, mit seinen unfehlbaren technischen Fähigkeiten, mit seiner eindeutigen Entscheidungsfähigkeit und seiner großen Vertrautheit mit Daten auf der Hand, mit seiner beeindruckenden Schnelligkeit in der Berechnung von Zahlen und vor allem indem er vor seinem Tableau von Indikatoren sitzt, die es zu verfolgen, zu überwachen und in einer ständigen und routinierten Aktion zu beeinflussen gilt. Er, ein echter Kerl, mit seiner Härte und Selbstsicher-

R. Hopfinger, *Managen auf Südtirolerisch*,
https://doi.org/10.1007/978-3-658-50843-2_8

heit. Er, der seinen „Untergebenen“ nicht zu viel Vertrauen schenkt, erscheint jeden Tag pünktlich in seinem Büro, wo er hinter seinem Massivholzschreibtisch in seinem dunklen Ledersessel sitzt und wie jeden Morgen seinen Computer einschaltet und seinen Bildschirm, sein Gesicht und seine „wirtschaftlichen“ Indikatoren aufleuchten lässt. Er untersucht die Entwicklung des Umsatzes, der Kosten, der Produktion und der Qualität, der Kundenzufriedenheit, der Anwesenheit seiner Mitarbeiter, der durchschnittlich geleisteten Arbeitsstunden, der Überstunden, der nicht in Anspruch genommenen Urlaubstage, der durchgeführten Schulungen und der erhaltenen Beiträge, der eingegangenen Kundenbeschwerden und der Anzahl der Tage, an denen sie bearbeitet und beantwortet wurden. Er blättert in der Zeitung, um die allgemeine Stimmung zu prüfen, aber auch in den sozialen Medien, um zu sehen, ob das Image des Unternehmens wächst oder nicht und ob es Fallstricke gibt. Er überprüft die Banken, die Zinssätze für Schulden, aber auch uneinbringliche Forderungen, Strafen für Lieferanten, usw. Er schaut sich an, was die Konkurrenz macht, wie sich der Markt entwickelt, um nicht überrascht zu werden. Der Marktanteil muss stabil bleiben oder wachsen; man darf keinen Zentimeter zurückweichen! Wachsen, wachsen und nochmals wachsen!

Ein Tag voller Zahlen und Besprechungen, mindestens 4 oder 5 h Besprechungen, und dann Telefonanrufe, kurze Dialoge mit den Mitarbeitern, und dann Mails und WhatsApps in Hülle und Fülle, als ob es regnen würde, aber er sieht sie alle, wirft aber die weg, die über 4 Zeilen hinausgehen. Er hat keine Zeit zu verlieren. Wenn seine Mitarbeiter ihm über den Weg laufen, haben sie gerade genug Zeit, um drei Worte zu sagen, und bekommen nicht immer eine Antwort. Der Manager hat keine Zeit, er hat einen wichtigen Termin. Man kann es morgen noch einmal versuchen. Er hat immer wichtige Termine.

Schwachsinn! Ist das die Wurzel des Managements? Tag für Tag in sterilen Zahlen zu ertrinken? Hunderte von zumeist nutzlosen Mails zu lesen und verschicken, ohne ihnen Aufmerksamkeit zu schenken? Dutzende von Menschen zu treffen und von ihnen zu hören, immer und immer wieder, ohne echt zu interagieren? Und dazwischen vielleicht essen und dann abends nach Hause gehen, wo unser Manager wahrscheinlich allein lebt (seine Familie, wenn er eine hat, ist in seiner Heimatstadt geblieben, die sieht ihn sowieso nie) und dann in ein Restaurant gehen, wenn er keine Lust hat, sich etwas in der Mikrowelle aufzuwärmen, vielleicht mit einem Leidensgenossen. Er treibt wenig Sport und unregelmäßig, hat wenig Zeit zum Nachdenken, wird ständig durch das Vibrieren seines Handys gestört.

Das ist natürlich ein Klischee! Aber es ist ein Klischee, das sich hartnäckig hält, und leider ist an diesem Profil auch etwas Wahres dran. Ein Teil dieses Mythos ist wahrscheinlich meine eigene Provokation, aber es ist auch eine Art von Management, die viele heute noch im Kopf haben und mehrfach erleben. Und sie haben es so verinnerlicht, dass es zum Teil traurige Realität, fast schon Pflicht, Normalität ist. Es gibt Headhunter, deren Ziel es ist, den allerbesten Kandidaten zu finden, der diese Merkmale erfüllt. Wenig menschliche Dimension, wenig Fantasie, aber viele Zahlen. Natürlich sind Zahlen wichtig, aber Menschen sind es auch. Der Manager ist ein Mann, aber er ist heute offensichtlich auch eine Frau. Und Gott sei Dank! Sitzungen überschreiten immer wieder das Maß des Vernünftigen und des wirklich Nützlichen oder Notwendigen, das ist auch wahr und vielleicht teilweise unvermeidbar. Die Mails wuchern und haben des Öfteren nur einen geringen Mehrwert. In vielen Organisationen fehlt es jedoch an Vernunft, was einen fruchtbaren Boden für die Fantasie schaffen kann. Aber dann zurück zur Frage: Kann der Manager ein

Künstler sein? Nun, in gewisser Weise ja, eigentlich muss er, oder sie, das auch sein. In der Tat spielt die Kreativität im Management eine entscheidende Rolle; es ist in der Tat eine Kunst. Schon Mary Parker Follett sah Management als soziale Kunst. Und das schon in den zwanziger Jahren des vorigen Jahrhunderts. Eine Kunst des Zusammenarbeitens, vor allem. Unser Verstand muss kreativ sein, sonst ist er nicht mehr in der Lage, komplexe Tätigkeiten zu bewältigen. Beim Management geht es nicht nur um die Überwachung von Indikatoren und die Einleitung standardisierter, um nicht zu sagen lehrbuchmäßiger, Maßnahmen. Das ist Technokratie und kein Management. Wie man so schön sagt: Der Manager denkt auch aus dem Bauch heraus, hat Intuition, improvisiert immer wieder und liegt häufig richtig. Er ist nicht nur kompetent, sondern auch fantasiereich und kommunikativ.

In vielen Betrieben werden aber in vielen Fällen die gleichen fantasielosen Handlungen angewendet. Ein kleines Beispiel: Wenn ein Jahr schlecht abläuft oder eine sektorale oder allgemeine Wirtschaftskrise eintritt und die Einnahmen stark zurückgehen, wenden gewisse Manager oft die übliche Umschichtungsformel an, bei der die Personalkosten reduziert werden. Eine der üblichen, sagen wir mal unkreativen, Maßnahmen wäre ein Einstellungsstopp für einige Monate. Nicht selten wird das dann chronisch. Tausende oder Hunderttausende von Euro gespart und ein sicherer Beitrag zum Ausgleich der Bilanz und wer weiß, vielleicht sogar zum Zusammenbruch des Unternehmens, wenn man die Reißleine zu weit zieht. Dies könnte sich sogar auf das Ergebnis des folgenden Jahres auswirken und einen Teufelskreis nach unten in Gang setzen. Natürlich ist die Krise daran schuld. Oder schlimmer noch, solche Maßnahmen könnten sich auf bestimmte Indikatoren auswirken, die keine eindeutigen und direkten Auswirkungen auf die Gewinn- und Verlustrechnung haben, die aber beispielsweise die Sicherheit, das Unternehmensimage oder andere weniger auffällige (zumindest eine Zeit lang), aber für das Unternehmen sehr heimtückische Aspekte beeinträchtigen könnten. Schlimmer wird es dann, wenn der Technokrat genau weiß, dass er eh nur noch ein Jahr im Amt ist. Nach mir die Sintflut. Das ist so, wie wenn die Politik in Krisenzeiten bei Schulen und im Gesundheitswesen die Mittel kürzt. Die schwarze Null von Frau Merkl ist auch sehr lehrreich in diesem Sinne. Heute muss man mit Investitionen hinterherlaufen. Oder noch die Abmagerungskur der italienischen Staatsausgaben in der Sanität. Hunderte von Milliarden von Lire damals (erinnert sich jemand noch an die Lire, an die Mark oder die Schilling? So viel Zeit ist nicht vergangen). Die Ergebnisse der Maßnahmen von vor 20 oder 30 Jahren sind heute offensichtlich. Und bei einzelnen Unternehmen ist es nicht anders. Die Krise ist immer daran schuld. Die Wahrheit ist, dass die Senkung bestimmter Kosten oder das Fehlen an Investitionen manchmal bedeutet, dass die Möglichkeit, eine Zukunft zu haben, eingeschränkt oder gar vernichtet wird. Und, wie gesagt, dies gilt für einen Staat, für ein Unternehmen aber auch für eine Familie. Andererseits ist es die einfache Wahl für diejenigen, die keine Fantasie haben, für diejenigen, die nicht kreativ sind. Manchmal ist es die Umgebung selbst, die einen daran hindert, kreativ zu werden. Wenn man von morgens bis abends über E-Mails gebeugt ist, Routinebesprechungen führt, Excel-Tabellen und Zahlen anschaut, Briefe schreibt oder korrigiert und dergleichen mehr, wie soll man da einen kreativen Prozess in Gang setzen? Schwierig. Am Ende landet man im Alltäglichen, in der üblichen Suppe, mit den üblichen Lösungen, von denen wir wissen, dass sie „sicher" sind und zumindest kurzfristig (vielleicht) die Gewinn- und Verlustrechnung des betreffenden Jahres verbessern. Ich rede eher von großen Unternehmen ist klar, aber im Grunde betrifft es allen Unternehmen.

Fortschritt und Entwicklung erfordern stattdessen kreativere Maßnahmen, die eher einen Angriff als eine sterile Verteidigung darstellen. Neue Geschäftsfelder zu erfinden, eine Möglichkeit zu finden, die Einnahmen zu erhöhen, anstatt immer nur auf wilden Personalabbau oder andere wahllose und des Öfteren schlecht durchdachte Kürzungen zurückzugreifen, die in der Länge auch Kunden und Gesellschaft im Allgemeinen betreffen. Effizienzsteigerung ist willkommen, aber mit Kopf. Man soll also positiv an den Einnahmen und nicht nur an den Personalkosten arbeiten. Und noch schlimmer muss ein Umsatzverlust nicht auf Kosten der Umwelt oder der Gesundheit der Menschen gehen. Weitsichtigkeit ist angebracht.

Korrekt und nachhaltig zu arbeiten ist ja schwieriger, ist ebenfalls klar. Vielleicht sollte man auch andere Kostenfaktoren berücksichtigen. Es gibt in jedem Betrieb die Möglichkeit einzusparen, die Effizienz zu erhöhen und dies in den meisten Fällen dank der Menschen, die im Unternehmen arbeiten. Sicherlich können in bestimmten Situationen alle Arten von Maßnahmen erforderlich sein, aber verschiedene Unternehmen reagieren unterschiedlich, wenn sie mit Herausforderungen, mit Krisen konfrontiert werden. Und einige Unternehmen überleben, andere halt nicht. Denken wir an die italienische Post. Sie reagierte auf eine schwierige Situation auf dem Markt und auf eine Vielzahl von Unternehmen, die potenziell direkt mit ihr konkurrierten, indem sie ihre Netzwerkkapazität ausnutzte und zu einer Bank wurde, die ihre Aktivitäten diversifizierte. Manch einer mag einwenden, dass auch die Post ihr Personal abgebaut hat, aber wir wissen nicht, was passiert wäre, wenn sie nicht den Weg der Bank gewählt hätte. Wir können es uns trotzdem vorstellen. Vielleicht wäre sie ja verschwunden. Oder etwas weiter unten in der Covid-Pandemiekrise reagierten viele Gastronomiebetriebe oder Bars, um zu überleben, indem sie Formen von Catering oder Hauslieferungen erfanden, die in normalen Zeiten undenkbar gewesen wären, kreativ und abwechslungsreich, individuell und geschätzt, mit einem Mehrwert für den Kunden, einem Unterscheidungsmerkmal, was heute noch hält. Eine Reihe von Handelsunternehmen haben sich ebenfalls neu erfunden und sind pro tempore zu Online-Verkäufern geworden, die versuchten, sich von den großen Vertriebsmonstern wie Amazon in Bezug auf Qualität oder Unterstützung bei der Auswahl zu unterscheiden, oder sich vielleicht auf Nischen- oder lokale Produkte konzentrierten: Think Local. Sie haben versucht, sich zu differenzieren, indem sie ihre Kunden in einer Mischung aus physischem und Online-Geschäft treffen konnten, den Bedürfnissen der Nachfrage entsprechend. Das ist nicht einfach. Aber sie taten es, oder zumindest versuchten sie es. Und so haben einige überlebt. Andere sind verschwunden. Viele hätten dies aufgrund des Standorts oder der Art der Produkte oder aus anderen Gründen, die wir nicht im Einzelnen untersuchen können, nicht tun können, das ist klar, aber von denen, die hätten reagieren können, zogen es einige vor, sich auf das Problem zu konzentrieren, anstatt sich mit der Lösung zu befassen, indem sie ständig jammerten und in einigen Fällen leider sogar ihre Türen für immer schlossen, eine drastische Entscheidung, die manchmal erzwungen war. Deshalb braucht es eine Idee, ein Gespür, einen Funken, der selbst aus den schlimmsten Situationen das Erfolgselement herausholt, das in einer entlegenen Ecke lauert und nur darauf wartet, entdeckt zu werden. Ich wiederhole: Es ist nicht immer möglich, und viele Unternehmen konnten keine Kunden für die Art von Geschäft erfinden, die sie betrieben, aber die Chance liegt in den meisten Fällen gleich um die Ecke. Es liegt an uns, sie zu finden, falls sie existiert.

Hier kommt der Künstler in uns ins Spiel, der Kreative unter der Haut des Mannes oder der Frau der Zahlen, des ernsten, disziplinierten und berechnenden Manager. Schließlich sind wir alle kreativ, wir alle träumen nachts, und wenn wir aufwachen, sagen wir uns: Wie um alles in der Welt bin ich nur auf so eine absurde Geschichte gekommen? Aber diese Geschichten sind latent in unseren Gehirnen vorhanden und tauchen von selbst auf. Das ist Kreativität in freier Wildbahn. Manchmal führt sie ins Leere, manchmal verbirgt sie eine außergewöhnliche Idee. Dario Argento, der bekannte italienische Filmregisseur, pflegte zu sagen, dass er seine Geschichten erträumte und sie dann in seine Filme einbrachte, die zu Ikonen eines Genres wurden, nämlich des Horrors. Glücklicherweise bin ich nicht so offenkundig kreativ und kann sicherlich ruhiger schlafen, aber man muss ja auch nicht träumen (oder Albträume haben), um kreativ zu sein. Um kreativ zu sein, braucht man Zeit, man muss in der Lage sein, die Kreativität in sich zu kultivieren, man muss sich anderen Tätigkeiten als der Routine widmen. Lesen, Sport betreiben, vielleicht kochen, auf jeden Fall spazieren gehen. Der Geniestreich kommt dann, wenn man ihn am wenigsten erwartet, unter der Dusche oder bei der Zubereitung einer Carbonara, oder während eines Ausflugs und er kommt kaum, wenn man am Schreibtisch sitzt und Mails bearbeitet oder in ständigen Telefonkonferenzen sitzt. Sagen wir: sehr schwierig. Der schöpferische Prozess ist ja schon seit langer Zeit untersucht worden. Es werden auch zahlreiche Kurse zu diesem Thema angeboten. Du kennst sicher diese Kurse, in denen du gezwungen bist alle 10 min ans Telefon zu gehen und manchmal auch das Klassenzimmer zu verlassen, weil du dich um einen plötzlichen Notfall kümmern musst?

Routinierte Manager kennen das zu gut. Diese Kurse sind auf diese Weise nutzlos, weil sie genau das Gegenteil von dem sind, was ein Prozess des Lernens und der Kreativität sein sollte. Selbst bei diesen Gelegenheiten wäre es eine kreative Idee, das Telefon auszuschalten, denn sonst macht man sich nur etwas vor. Wir sind nicht so multitaskingfähig, wie wir denken! Ich sage es vor allem zugunsten der neueren Generationen, heute Studenten und morgen Manager: schaut nicht andauernd in euren Handy; das bringt nichts, glaubt mir!

Der kreative Prozess kommt daher nicht mit einem Fingerschnippen zu uns, wenn man sich darum bemüht oder darum gebeten wird. Wir werden später sehen, wer Morita, der Gründer von Sony, war, aber er dachte bereits in den 1980er-Jahren über diese Fragen nach. Die Idee, die Ihrem Unternehmen weiterhilft, kommt nicht auf Kommando, vielleicht in einer sekundenlangen Pause zwischen einer Tätigkeit und einer anderen, vielleicht mit der Stoppuhr in der Hand. Es ist, wie wenn ein Maler an einem Sommernachmittag seine Leinwand vor sich ausbreitet und darauf starrt, aber es nicht schafft, den ersten Pinselstrich zu setzen. So ist es auch bei unserer Arbeit. Natürlich nicht immer, manchmal, wenn wir eine Lösung für ein Problem finden müssen und uns nicht entscheiden können, welche Farbe wir auf den Pinsel legen sollen, weil wir nicht inspiriert sind, da brauchen wir einen Moment der Diskontinuität vom beruflichen Alltag. Wir wissen nicht, was wir malen sollen, und das ist der Zeitpunkt, an dem wir alles stehen und liegen lassen und in der Sonne spazieren gehen müssen, schließlich haben wir in Südtirol eine schöne Sonne. Die Sonne allein macht's natürlich nicht. Vielleicht sind wir manchmal trotzdem erfolglos, aber zumindest haben wir ein wenig Sonne genossen. Es ist in der Tat die Loslösung und das Verlassen der Routine und der Stoppuhren, die den Geist von den Fesseln befreit, genau wie beim Schlafen. Die Ideen tauchen meistens danach auf, glaub mir, vielleicht nicht jedes einzelne Mal, aber nicht selten. Hier kann der Künstler in uns wahrlich zum Vorschein kommen und eine originelle Lösung für das Problem finden, etwas, das vielleicht noch nie zuvor gemacht wurde, einen anderen Interpretationswinkel, der die Krise überwinden kann, eine innovative Idee. Oder es bilden sich Visionen für neue Geschäftsentwicklungen. Nur so haben wir die Chance, den kleinen kreativen Geist in jedem von uns zum Vorschein zu bringen. Natürlich hilft der Stress nicht, wenn die Tätigkeiten drängen, das Telefon ununterbrochen klingelt und uns den ganzen Tag bis zum Abend begleitet, wo wir mit einem Kollegen, dann mit einem Gewerkschafter, mit dem Chef, mit einem anderen Kollegen sprechen, von einem Thema zum anderen, von einem Notfall zum anderen, ohne die Zeit zu haben, innezuhalten und richtig zu denken. Wir leiden unter den E-Mails, den WhatsApps, den Verbindungen in Meet oder Teams oder was auch immer, und am Ende haben wir sogar vergessen, einzukaufen, und die Geschäfte sind geschlossen, und wir wissen nicht, was wir essen sollen: so viel zur Kreativität. Kann dieses ständige Aufbrechen unserer Zeit, dieses Drängen von Störfaktoren, die zumeist vergeblich und ergebnislos sind, einen Schaffensprozess begünstigen, neuen Ideen Raum geben? Ich würde sagen, nein. Sicherlich kommen einige Ideen, aber sicher nicht die Idee, die dein Unternehmen rettet. Oder vielleicht kommt es bei einigen Menschen trotzdem, aber nicht bei der großen Mehrheit der normalen Menschen, und glaub mir, wenn ich sage, dass Genies in der Tat sehr wenige sind (viele glauben, dass sie es sind, und es sind nur Illusionen). Wir sind normaler als wir denken, und wir brauchen Freiräume, um unsere Kunst zu entfalten.

Vielleicht können wir aber auch auf einen großen Schatz verweisen, über welchen Unternehmen verfügen, nämlich den kollektiven Geist oder die kollektive Kreativität, die von unschätzbarem Wert ist, es uns andererseits nicht erlaubt, den eigenen innovativen Beitrag zu leisten, oder doch? Natürlich ist es auch eine Kunst, die Ideen der anderen zu fördern und das ist ausschlaggebend.

Ich bin davon überzeugt, dass sich viele Menschen in dieser Beschreibung wiederfinden, weil sie sehr wohl wissen, dass die Führung eines Unternehmens oder Teils davon keine exakte Wissenschaft ist und dass ein Großteil des geschäftlichen Erfolgs den Ideen und Funken in unseren Köpfen, in aller Köpfen im Team, überlassen wird. Manchmal entdeckt man sie zufällig, wenn der Boden zu trocken ist, meistens sind sie gesuchte und gewollte Wege, in fruchtbaren und günstigen Umgebungen. Wenn es keine Ideen in ausreichender Zahl und in einem Kontext gibt, der sie begünstigt, wenn wir nur die Welt um uns herum über uns ergehen lassen, wie man sagt, bleibt der geschäftliche Erfolg aus. *No Ideas, no Party.*

Ich bin mir auch sicher, dass viele, die dieses Kapitel lesen, noch nie über eine solche Gegenüberstellung nachgedacht haben: Manager-Künstler/in oder vielleicht besser kreative/r Manager/in. Viele, zu viele, sind immer noch an Lehrbuchmuster gebunden. Erinnerst du dich an die Beschreibung des „Dashboard-Managers“, die ich zu Beginn dieses Kapitels gegeben habe, der von morgens bis abends in Zahlen, Verfahren und Routine versunken ist? Der Dashboard-Manager kümmert sich wenig, die menschliche Seite zu pflegen. Kurz gesagt, um die besten Köpfe zu gewinnen, muss man die richtigen Manager für die Auswahl- und Entwicklungsprozesse haben. Es ist Tatsache, dass die kreativen Köpfe mit dem größten Potenzial gerade von Umgebungen angezogen werden, die sie fördern und fordern. Und dies als Mensch, nicht als bloße Ressource. Wenn ein Unternehmen das Image eines unbeweglichen Molochs hat, wo jeder nur eine Zahl ist, ist es unwahrscheinlich, dass es die fruchtbarsten Köpfe anziehen wird. Wenn der Chef ein arroganter, selbstliebender Mensch, der niemanden zuhört, ist, dann laufen die besten Mitarbeiter weg.

Und noch dazu muss man betonen, dass es keine Handbücher gibt, die alles erklären, und dass manchmal Entscheidungen auch von dem Bauchgefühl heraus getroffen werden; der HR-Manager spürt das Potenzial eines Kandidaten, der Unternehmer spürt das Potenzial eines innovativen Produktes und dies aus einem Gemisch von Erfahrung und Gespür. Die fördernde Grundlage des Betriebes, welches das Wachstum der Menschen erleichtert, macht den Rest. Denn wer würde nicht gerne in einem kreativen Umfeld arbeiten. Es sind die unkonventionellen Unternehmen, die unsere Zukunft prägen werden, die Freiräume bieten, die Vertrauen schenken. Wie Margarete Whitley schon behauptete, sind Betriebe lebendige Systeme und aus dem Chaos entsteht Innovation. Es geht um Ideen und um Ideale. Es geht um Offenheit und um den Beitrag aller. Es geht um Freiheit des Geistes und viel mehr. Wir sind keine Maschinen, wir sind Künstler.

9

Leistung und Bewertung

Was ist ein Manager im Wesentlichen und woran genau erkennt man seine Leistung, seinen Output oder Beitrag oder das, was man den „Mehrwert“ nennt? Sicherlich ist das, was wir tun, nicht immer so leicht messbar und erkennbar wie die Arbeit eines Arbeiters, der eine Reihe von elektronischen Platinen in unseren tragbaren Telefonen zusammensetzt. Übrigens, hast du schon einmal ein Handy zerlegt? Das habe ich, und ich muss sagen, es hat wirklich Spaß gemacht und war gleichzeitig lehrreich. Unglaublich, wie viele Gegenstände sich darin befinden; es sind Hunderte von Kleinteilen, und ich habe es übrigens nie wieder zusammensetzen können. Aber gehen wir zurück zum Fließbandarbeiter: Er wird an der Anzahl der Objekte gemessen, die er in einer Stunde zusammenbauen, reparieren, kontrollieren kann, und natürlich an der Genauigkeit, die sich aus der Qualitätskontrolle ergibt, an den festgestellten Fehlern. Dabei handelt es sich um leicht messbare Zahlen, wie

R. Hopfinger, *Managen auf Südtirolerisch*,
https://doi.org/10.1007/978-3-658-50843-2_9

Stücke pro Stunde, Fehler pro Stück, usw. Solche Arbeiten findet man aber eher in China heutzutage und immer seltener bei uns in Europa.

Wie misst man aber die Leistung eines Managers, aber auch jene seiner engsten Mitarbeitern? Natürlich beginnen wir immer mit den Zahlen, den wirtschaftlichen Ergebnissen oder den erreichten Zielen und Teilzielen, die natürlich anspruchsvoll, aber erreichbar sein sollten (das sollten wir nicht vergessen) und die auch offensichtlich messbar sind. Die erste Ebene der Leistungsmessung ließe sich auf Folgendes reduzieren: Der Manager hat seine Aufgaben gut erledigt, er hat das Budget eingehalten, seine Struktur hat einen Wert für das Unternehmen geschaffen, er hat einen bestimmten Umsatz, einen bestimmten Gewinn erzielt. Aber das reicht natürlich nicht aus, auch wenn man sich häufig darauf beschränkt. Und immer wieder werden die Zielsetzungen nicht mit der obersten Führungsebene vereinbart (sagen wir, die Ziele werden von oben nach unten auferlegt). Noch dazu sind diese auch nicht immer erreichbar oder, schlimmer noch, in vielen Fällen nicht einmal vollständig von der Führungskraft selbst beeinflusst, wenn sie nicht sogar vollständig von externen Faktoren bestimmt werden. Neben diesen „Messungen“ meist objektiver Größen wird es also auch mehr oder weniger umfassende Indikatoren für das Verhalten des Managers geben, eine Zusammenfassung in einigen wenigen Indizes für das Wesen seines „Managertums“ (z. B. mit einer Note von 1 bis 5), d. h. wie gut der Manager die Teamarbeit demonstriert oder seine Führungsqualitäten zum Ausdruck bringt, um nur einige zu nennen. Aber wer misst sie? Wer wird die endgültige Bewertung dieser Indikatoren vornehmen? Des Öfteren werden sie von Personen durchgeführt, die dazu nicht in der Lage sind, wie z. B. von einer entfernten höheren Führungskraft, die nur wenig Kontakt mit dem Beurteilten hat und sein Team oder seinen Bezugsrahmen überhaupt nicht kennt. Oder aber, wird die Bewertung mit mehr oder weniger verschiedenen Mechanismen erweitert, indem zufällig entnommene Ressourcen desselben Managers einbezogen werden, die bei der endgültigen Beurteilung sehr realitätsfremd sein können, auch wenn sie diese stark beeinflussen. Unter anderem werden diese Bewertungskonstrukte mit all den genannten Mängeln selbst von der obersten Führungsebene mehrfach nicht sehr „gefühlt", überhaupt nicht als wichtig empfunden, sondern eher als eine kleine Aufgabe angesehen, die in der Regel in sehr kurzer Zeit zu erledigen ist, mit der einzigen Absicht zu zeigen, wie es dem Unternehmen gelungen ist, ein transparentes und faires Verfahren zur Leistungsmessung einzuführen. Häufig geschieht alles ohne die geringste Interaktion zwischen den Beteiligten, kurzum, es ist fast eine bloße bürokratische Pflicht, die mit möglichst geringem Zeitaufwand zu erfüllen ist. Noch schlimmer ist es, wenn selbst die Zuweisung von Zielen erst Mitte oder gar gegen Ende des Jahres erfolgt, wenn ein Großteil des Ergebnisses bereits bekannt oder vorhersehbar ist und auch das gilt nicht nur für Manager.

Andere Bewertungskriterien wie wirtschaftliche Ziele und flüchtige Bewertungen von Verhaltensweisen, die nicht vor Ort gemessen, sondern vielmehr vom Bewerter abgeleitet werden, gibt es nicht (die so genannten MBO-Systeme funktionieren auf diese Weise). Das Risiko – das in der Tat wiederholt auch von denjenigen gewollt wird, die den Prozess der Leistungsmessung leiten – besteht darin, Mittelwerte zu bilden und innerhalb von Bandbreiten zu bleiben, die das Ergebnis oder die Leistung derjenigen, die es nicht verdienen, zu erhöhen und die Beurteilung derjenigen, die wirklich hervorragend sind, zu senken. Eine Art Nivellierung, eine kollektive Liebesbeziehung, die alle ein wenig erfreut und ein gewisses Gleichgewicht schafft. Natürlich spreche ich von großen Unternehmen und sicherlich nicht von Organisationsstrukturen mit einigen wenigen Führungskräften, die in engem Kontakt mit der obersten Leitung arbeiten, mit der sie Ziele, Maßnahmen, Ergebnisse, Entscheidungen und die tägliche Arbeit direkt teilen. Und in der Tat besteht die einzige Hoffnung auf eine wirklich ansprechende Bewertung (vorausgesetzt, man will sie) darin, einen möglichst engen Kontakt zwischen Bewerter und Bewertetem zu haben, um eine Evaluierung realitätsnäher zu gestalten. Dies ist jedoch nicht immer möglich und kann manchmal sogar kontraproduktiv sein. Offensichtlich treibt dieses Bedürfnis, vom Bewerter „gekannt" zu werden, einige dazu, unaufhörlich und bei jeder Gelegenheit zu versuchen, in Sichtweite zu kommen. Und das wiederum verzerrt das Szenario, vor allem, wenn der Chef jemand ist, der der Schmeichelei erliegt (ich denke, ich muss die Dynamik, die sich daraus ergeben kann, nicht weiter erläutern). Aber bellende Hunde beißen nicht, heißt es. Das gilt nicht selten auch für die Menschen, denn viele Leute machen viel Aufhebens und scheinen mit Worten die Welt zu bewegen, aber hinter dem Schein steckt dann nicht viel. In der Tat habe ich mehrere sehr wertvolle Manager oder Kader gekannt, die im Stillen arbeiteten und dann nicht für das geschätzt wurden, was sie wirklich wert waren, eben wegen dieses Mangels an „ostentativer Sichtbarkeit". Andererseits habe ich Führungskräfte gekannt, die in ihrer Arbeit überhaupt nicht herausragend waren, aber ständig das Rampenlicht suchten, was ihrer Karriere sehr zugute kam. Mehr noch: Ich habe auch einige Führungskräfte gekannt, die ihrem Unternehmen großen Schaden zugefügt haben und unvorstellbare Karrieren gemacht haben. Ich betone, dass es sich um seltene, aber wirklich entsetzliche Fälle handelt.

Aber sind wir Manager dann wirklich so schlecht bewertet? Wie ich eingangs sagte, ist es leicht, repetitive Arbeit zu messen, aber es ist etwas anderes, die Leistung von Geistesarbeitern zu messen, und das gilt in der Tat für uns als Manager, aber auch für unsere Mitarbeiter. In komplexen Systemen kann dies zu Ungleichgewichten führen und auch einen anderen grundlegenden Faktor menschlichen Handelns stark beeinflussen: die Motivation. Ich werde später darauf zurückkommen. Denn die Bewertung ist ein zweischneidiges Schwert, und wenn man zu sehr auf eine kontinuierliche und „genaue" Messung drängt, kann das auch Ängste auslösen, die weder der Arbeitskraft noch dem Unternehmen helfen, vielleicht sogar enorme Ressourcen dafür aufwenden oder schlimmer noch, Elemente der Beurteilung von außen, von Beratern und Experten einbringen, die erfahrungsgemäß nur zu einem einzigen Ergebnis führen: der Abrechnung der Dienstleistung des Beraters.

Um die Leistung des Managers bewerten zu können, ist es daher nicht nur wichtig, seine wirtschaftlichen Ergebnisse zu messen und sein Verhalten im Hinblick auf die grundlegenden Merkmale des Managerialismus, wie z. B. die Führungsfähigkeit, Organisationtalent, usw., zu überprüfen, sondern noch wichtiger ist es, zu prüfen, ob und inwieweit der Manager in der Lage war, die Bedingungen für den künftigen Erfolg des Unternehmens oder des von ihm geleiteten Unternehmensteils zu schaffen. Grundlegend ist dabei, ein Team gebildet zu haben und die einzelnen Mitglieder zu schulen und zu motivieren, ihnen Verantwortung zu übertragen und sich selbst so weit wie möglich „überflüssig" zu machen, außer eben als Orchesterleiter. Zum Teil könnte man durch eine Änderung der Verhaltensindikatoren auch diese Faktoren erkennen, aber sicher nicht alle, und vor allem würde dies enorme Investitionen kosten, die meiner Meinung nach in keinem Verhältnis zum Ergebnis stehen würden. Zusammenfassend bin ich also der Meinung, dass wir versuchen sollten, Bewertungs- und Anreizsysteme für das Management zu entwickeln, die zwar auf der Messung von Ergebnissen und Verhalten beruhen, aber näher an der Realität liegen und auch erreichbar sind, auch im Rahmen der Möglichkeiten des Bewerteten, und auf die der Manager wirklich Einfluss nehmen kann, vielleicht sogar mehrjährig statt jährlich, zumindest teilweise. Damit soll auch sichergestellt werden, dass ein echter Kontakt zwischen Bewerter und dem Bewerteten zustande kommt, indem nicht nur quantitative, sondern auch qualitative Ziele festgelegt werden. Vor allem aber, wenn sie realitätsnah sein sollen und mit einem Urteil abgeschloßen werden müssen, dann muss man sich auch die Zeit nehmen, sie so ernsthaft wie möglich auszuführen. Andernfalls wird es eine Farce, ein Vorwand und nichts weiter sein. Wenn dann der Bewerter während der Übung häufig wechselt, wird das Problem noch deutlicher.

Das Risiko besteht nämlich darin, wie oben erwähnt, dass paradoxe Situationen entstehen, in denen mittelmäßige oder schlechte Manager positiv und umgekehrt hervorragende Manager negativ bewertet werden. Daher besteht, wie ich bereits sagte, auch die Gefahr des Motivationsverlusts der Ressourcen, und dies gilt auch für die Bewertungen, die wir für unsere Mitarbeiter vornehmen. Kurz gesagt, die Bewertung ist eine schwierige Aufgabe, die, wenn man sich dazu entschließt, mit äußerster Ernsthaftigkeit durchgeführt werden muss. Andernfalls ist es besser, es bei strafferen und weniger detaillierten Prozessen zu belassen, die nur mit dem wirtschaftlichen Ergebnis des verwalteten Sektors verknüpft sind, vielleicht nur mit Anpassungen, welche die Leistung des Sektors berücksichtigen. Und genau das wird in der Realität mehrfach gemacht.

Wir sollten daher auf allzu ausgeklügelte Systeme verzichten und sie straffer gestalten, uns aber die Zeit nehmen, sie ernsthaft und ohne Druck zu befolgen, der uns nur dazu drängt, die Hausaufgaben zu erledigen. Wir sind schlussendlich nicht nur Bewertungsgegenstand, wir sind auch Bewerter unserer Mitarbeiter. Schließlich hat Italien schon immer Systeme gemocht, die vielleicht auch klar formuliert sind, aber nicht viel mit der Realität zu tun haben. Lass mich nur ein kleines Beispiel nennen: Erscheint es realistisch, Schüler mit Noten von eins bis zehn zu bewerten? Wie kommt es, dass im Ausland Systeme verwendet werden, die auf weitaus weniger Leistungsstufen basieren (von 1 bis 5 wie z. B. in Deutschland)? Vielleicht denken wir, in Italien dass wir die Leistung anderer viel besser und genauer beurteilen können? An der Uni ist es so weit gegangen, dass wir einzelne Noten in Dreißigstel ausdrücken und die Endprüfungen sogar in Hundertzehntel. Eine erstaunliche chirurgische Präzision der Bewertung von Menschen.

Was die Leistung anbelangt, so ist festzustellen, dass sie von zwei Faktoren abhängt: von den Fähigkeiten und Kenntnisse des Managers einerseits und von seiner Motivation andererseits. Darüber hinaus ist die Glaubwürdigkeit der Führungskraft ausschlaggebend und ihre Fähigkeit, die Mitarbeiter zu bewegen und motivieren. Nicht zuletzt, ist auch das eigene ethische Empfinden der Führungskraft von Bedeutung. All dies wird in den Leistungsbeurteilungssystemen kaum berücksichtigt. Vor allem der Sinn für Ethik findet heute noch wenig Platz. Und noch dazu habe ich manchmal den Eindruck, dass der stille Gehorsame mehr geschätzt wird, ohne die Last des freien Denkens tragen zu müssen. Vielmehr ist es genau dieses freie Denken, das, wenn es gut ausgerichtet ist, den angestrebten zusätzlichen Nutzen bringt.

Lass mich das erklären: Um die besten Ressourcen aus dem Markt zu holen, muss ein Unternehmen zunächst einmal seine eigene Attraktivität haben, sonst wird es kaum das beste Management auf dem Markt holen. Es muss daher in der Lage sein, Werte zu vermitteln und als seriöses und verantwortungsbewusstes Unternehmen anerkannt zu werden, das auch den Wert der Menschen anerkennt (und damit meine ich natürlich nicht nur die wirtschaftliche Seite). Nur auf diese Weise wird es in der Lage sein, die Menschen mit den besten Fähigkeiten, aber auch mit der höchsten Motivation und einem fundierten Sinn für Ethik zu gewinnen, der für das Unternehmen selbst von grundlegender Bedeutung ist. Denn die Ethik der Menschen, die das Unternehmen bilden, überträgt sich wiederum auf den ethischen Sinn des Unternehmens selbst und umgekehrt, und dieser Faktor wird kaum untersucht und anerkannt. Er hat heute aber angesichts einer immer aufmerksameren Gesellschaft einen immer höheren Stellenwert und ist in der Tat die Grundlage für das verantwortungsbewusste Verhalten vieler großer Unternehmen, die die sozialen, ökologischen und ethischen – und damit nicht nur wirtschaftlichen – Werte der Gesellschaft, in die sie eingebettet sind, respektieren müssen und oft auch wollen.

Es ist in der Tat sinnlos, einen sehr fähigen Manager einzustellen, dem es dann an Motivation, oder besser gesagt, an Leidenschaft für seine Arbeit fehlt, oder vor allem, dem es an jeglichem Sinn für Ethik mangelt. Langfristig wird sich dies negativ auf das Unternehmen auswirken und unweigerlich auch negative wirtschaftliche Folgen haben. Daher muss sich jedes Leistungsmessungs- und Belohnungssystem auf mindestens drei Komponenten konzentrieren, nämlich auf die quantitativen und qualitativen Ergebnisse, auf das Verhalten – mit einem stärkeren Schwerpunkt auf die Fähigkeiten zur Teamarbeit und der Fähigkeit, bei den Mitarbeitern einen motivierenden, langfristig orientierten Humus zu schaffen – und schließlich auf das ethische Empfinden seiner Komponenten, insbesondere der Führungskräfte. Nur so kann Exzellenz entstehen und nur so kann man als Unternehmen einen echten Beitrag zur Gesellschaft leisten, der gleichzeitig nachhaltig, fair und ethisch in seinen verschiedenen Aspekten ist.

10

Meritokratie und Motivation (das M&M der Leistung)

Wenn wir über Leistung sprechen, müssen wir uns neben der Frage, wie wir Verdienste erkennen, uns auch mit der Frage befassen, wie wir die Motivation steigern können und wie meritokratisch wir handeln. Es ist ein grundlegendes Thema in einer zivilisierten und entwickelten Gesellschaft, wie wir sie anstreben, und es ist andererseits – meiner Meinung nach – ein Konzept, das zwar leicht zu „verstehen", aber schwer anzuwenden ist. Es ist auch ein Thema der unternehmerischen Gerechtigkeit. Und es wird in der Tat viel über Meritokratie gesprochen, z. B. in Bezug auf öffentliche Ämter, aber auch in industriellen Kreisen. Sie ist ein Muss, um geschäftlichen Erfolg zu erzielen und die beste Professionalität im Management zum Ausdruck zu bringen, und nicht nur das. Es wird immer wieder in den Medien darüber diskutiert und natürlich auch in den einzelnen Unternehmen. Es wird in der Tat viel und immer öfter darüber gesprochen, und das ist gut so. Wir wollen die

R. Hopfinger, *Managen auf Südtirolerisch*,
https://doi.org/10.1007/978-3-658-50843-2_10

Besten fördern, die ihren Beitrag leisten wollen und die sich etwas verdient haben. Aber wie sieht es mit der Anwendung aus?

Beginnen wir mit dem Begriff. Es gibt verschiedene Definitionen, aber im Wesentlichen stammt das Wort „Meritokratie", sowie das Englische „meritocracy", aus dem lateinischen „meritum", was so viel wie Verdienst bedeutet. Das Suffix „kratie" stammt aus dem Griechischen und heißt so gut wie Herrschaft. Also zusammen: Herrschaft des Verdienstes. Hinter dem Wort verbirgt sich also der Gedanke, dass die Verantwortung, insbesondere für die Verwaltung der „öffentlichen Angelegenheiten", aber das gilt auch in den privaten Betrieben, auf die Fähigsten übertragen werden sollte, die es sich daher verdient haben. Hier tauchen also Begriffe wie Kompetenz auf, aber auch der Wunsch des Einzelnen, seine Fähigkeiten für betriebliche Zwecke zu nutzen, also zur Verfügung zu stellen; das Bestreben, den eigenen Einsatz zum Wohle der Gemeinschaft freizugeben. Positiv angewandte Kompetenz soll also zur Meritokratie führen, und folglich zur Motivation.

Was heißt aber Motivation? Auch hier sind die Definitionen verschieden, aber der Begriff wird normalerweise noch als Ausdruck der Motive gesehen, die ein Individuum dazu bringen, zu einer bestimmten Handlung zu tendieren, d. h. etwas zu tun. In der Tat ist Motivation die Gesamtheit der Quellen, die das individuelle Verhalten in Richtung eines bestimmten Ziels lenken. Grundsätzlich gilt: Ohne Motivation gibt es keinen Antrieb, ohne Antrieb gibt es in der Regel kein Ergebnis. Dies bedeutet im Grunde, dass ohne Motivation der Misserfolg vorprogrammiert ist. Aber da kommt ein weiteres Dilemma: nicht jeder ist auf dieselbe Weise „motiviert".

Ein System, das auf meritokratischen Grundsätzen beruht, identifiziert daher mit geeigneten, wenn auch nicht immer unfehlbaren Instrumenten, die Personen mit den größten Fähigkeiten, die in der Lage sind, einen überdurchschnittlichen Beitrag zu leisten und die sich auch durch Engagement und Einsatzbereitschaft auszeichnen, und fördert sie. Dies steht im Gegensatz zu Systemen, die absichtlich oder tatsächlich einen blinden Egalitarismus anwenden, der als Verflachung der Ressourcen nach unten verstanden wird, wo die Menschen, was auch immer geschieht und was auch immer man tut, im Grunde genommen, mit allen anderen im gleichen Topf bleiben. Eine Perle sitzt dann neben einem faulen Apfel, und es gibt nichts Schlimmeres, um die Motivation zu töten. Das ist gemeint, wenn man sich fragt: „Bin ich nur eine Zahl?". Es ist im Wesentlichen die Tötung des Willens zu tun, die in einigen Ländersystemen und in vielen Fällen auch in den öffentlichen Strukturen in unseren ausgereiften Ländern weit verbreitet ist, und dies in unterschiedlichem Maße bis heute. Natürlich gibt es auch andere störende Aspekte bei der Anwendung der Leistungsgesellschaft, wie Vetternwirtschaft oder Ähnliches, die sicherlich nicht hilfreich sind.

In diesem Kapitel möchte ich daher einfach eine Lanze für die Verdienste brechen und vor allem die Bedeutung der Motivation, sowohl unserer eigenen als auch der unserer Mitarbeiter, hervorheben. Wir Manager sind, wie gesagt, die Ersten, die daran glauben müssen, denn die Anerkennung und Belohnung derjenigen, die etwas tun, und nicht nur derjenigen, die nur reden und werben, ist der erste wirkliche Aspekt, der für den Erfolg eines Unternehmens berücksichtigt werden muss, und zwar mit fairen und demokratischen Instrumenten. Denn trotz aller Technologie und allen Fortschritts basieren Unternehmen immer noch weitgehend auf ihren Frauen und Männern (und das zum Glück).

Aber wie und warum Verdienst oder „Meritum"? Nur wenn man die Auswahl, den Erwerb und die Ausbildung der Besten und dann die Messung der Fähigkeiten des Einzelnen und der von ihm erbrachten Ergebnisse richtig steuert, kann man diejenigen belohnen, die wirklich einen überragenden Beitrag zum Wohl des Unternehmens leisten. Nur so kann man die hoch qualifizierten Fachkräfte identifizieren, die über die richtige Mischung aus technischen Fähigkeiten, zwischenmenschlichen Fähigkeiten, Zugehörigkeitsgefühl und strategischen Visionen und Innovationen verfügen. Warum das so ist, ist auf der banalsten Ebene schnell gesagt: Es geht darum, Cäsar zu geben, was Cäsar zusteht, was allerdings auch voraussetzt, dass man bei den oben erwähnten faulen Äpfeln manchmal die Peitsche einsetzten muss und dies aus Gerechtigkeitssinn gegenüber den ehrlichen Mitarbeitern. Man kann auch nicht nur das Zuckerbrot verteilen, um die guten Elemente zu motivieren, wie bereits erwähnt. Personalabteilungen und Unternehmen haben daher die grundlegende Aufgabe, auf dem Arbeitsmarkt und im Unternehmen die Personen zu identifizieren, die das (ethische und vernünftige) Ergebnis und die Aufrechterhaltung der Marktposition innerhalb ihres Unternehmens gewährleisten können. Menschen, die einen Unterschied ausmachen, müssen gesucht werden, denn es gibt keine größere Lüge, als zu sagen, dass wir alle gleich sind. Wir sprechen hier nicht von Genies, sondern von Menschen, die im richtigen Maße Intelligenz zeigen und es schaffen, ihre Bemühungen mit dem richtigen Maß an Demut und Aufrichtigkeit effektiv auf das Gemeinwohl auszurichten.

Aber was braucht ein Unternehmen, um ein wirklich leistungsorientiertes System aufzubauen? Erstens braucht es den echten Willen zur Einführung des Systems, d. h. ein Management, das wirklich daran glaubt und die leistungsorientierte Verwaltung nicht in den Händen von Bürokraten belässt. Zweitens muss die Kontinuität in der

Personalverwaltung gewährleistet sein, die immer Aufgabe des Chefs ist und keinesfalls delegiert werden kann. Die Personalabteilung hat die Aufgabe, das Management bei der Verwaltung des Prozesses zu unterstützen und zu begleiten, und sie ist nicht der alleinige, auf sich selbst bezogene Entscheidungsträger im Personalmanagement. In der Tat ist es sinnlos – oder jedenfalls kaum effektiv -, eine Schluckauf-Meritokratie mit ständigen Ausnahmen und wilden, von anderen (Un-)Logiken diktierten Einschüben zu managen, d. h. mit ständigen Kurswechseln, neuen Methoden, nutzlosen Innovationen mit ständigem Austausch der Personalleiter oder des Topmanagements. Damit sich die Leistungsgesellschaft durchsetzen kann, ist ein Regelwerk erforderlich, das den Beitrag des Einzelnen objektiv misst (was schon an sich schwierig ist). Die Regeln müssen stabil sein (man muss sie kennen, und damit sie wirksam sind, müssen sie im Laufe der Zeit eine gewisse Kontinuität aufweisen), dann müssen sie vor allem transparent und gemeinsam nutzbar sein. Es handelt sich um ein System, das objektiv sehr schwierig aufzubauen ist. Des Weiteren ist eine Unternehmensstruktur erforderlich, die in der Lage ist, das System kontinuierlich zu verwalten und zu pflegen, denn es handelt sich nicht um ein System, das einmalig eingeführt werden kann und dann unabhängig funktioniert. Wir sprechen von Menschen und nicht von Maschinen und dem wichtigsten Faktor für den Erfolg eines Unternehmens, den Humanressourcen (ein unglücklicher Begriff, der uns mit anderen Ressourcen in einen Topf wirft und den Wert unseres Beitrags effektiv verringert).

Die Mechanismen zur Leistungsmessung, d. h. die Anreiz- und Belohnungssysteme, die wir im vorigen Kapitel erörtert haben und die darauf abzielen, nicht nur die wirtschaftlichen, sondern auch die qualitativen Ziele und bis zu einem gewissen Grad das ethische Empfinden der Beurteilten zu messen, müssen natürlich, soweit möglich, auch zu einer Anerkennung in Form von Geld führen, aber sicher nicht nur. Die Belohnung des Einzelnen, um ihn von denjenigen zu unterscheiden, die weniger zum Wohl des Unternehmens beigetragen haben, ist der Ausgangspunkt und der richtige Weg, um Engagement, Fähigkeiten und Intelligenz zu belohnen. Allerdings muss das Instrument der „Laufbahnentwicklung" auch auf die richtige Weise eingesetzt werden. Es ist undenkbar, dass eine Person mit seltenen Eigenschaften und einem großen Engagement, das mit überdurchschnittlichen Fähigkeiten einhergeht, übermäßig lange in einer starren Position verbleibt, selbst wenn es mehr oder weniger strukturierte Belohnungen gibt. Auch dies kann unweigerlich Auswirkungen auf die Motivation der Menschen haben. Doch leider ist heute eine zunehmende Verflachung des beruflichen Niveaus zu beobachten. In Artikel 2095 des Italienischen Bürgerlichen Gesetzbuchs werden vier Kategorien von unterstellten Arbeitnehmern unterschieden, nämlich Arbeiter, Angestellte, mittlere leitende Angestellte (Kader) und obere Führungskräfte (also Manager). Man kann dann darüber streiten, wie groß die einzelnen Gruppen in den Unternehmen sein sollten (ein Manager für zehn Personen, einer für hundert? Oder ein Kader für mindestens fünf Personen, oder zehn, oder mindestens eine Million Euro Gegenwert zu verwalten? Dies sind nur Beispiele). Man kann auch über die Untergruppen diskutieren, in welche die vorgenannten Berufsebenen eingeteilt werden sollen, oder sogar über die so genannten Berufsbilder (die inzwischen überholt sind) oder über den Umfang der Tätigkeiten. Es kann so viele Kriterien geben und es gibt keine festen Regeln. Natürlich kann man nicht allein auf der Grundlage der Zahl der Beschäftigten oder der verwalteten Euro eine Korrelation herstellen, und sicherlich ist auch die Definition des Kodexes für Arbeitnehmer in einer Welt, die immer mehr aufbrausend und intellektuell ist, vielleicht überholt. Aber eines ist sicher: Heute gibt es einen langsamen, aber unaufhaltsamen Versuch, diese Kategorien auf verschiedene Weise zu verflachen. Dies geschieht fast überall, d. h. in großen Banken, in großen industriellen Unternehmen, aber auch in mittelständischen Unternehmen, etc. Und auch in Südtirol in gewissen Unternehmen, welche die Kompetenzen in vielen Fällen ungerne honorieren wollen. Man könnte auch darüber diskutieren, ob eine Lohnerhöhung mehr wert ist als ein Bonus, oder ein Schulterklopfen als ein Karriereschritt. Es gibt verschiedene Aspekte zu berücksichtigen, aber sicherlich sollten die engagiertesten und am besten qualifizierten Menschen einen Karriereweg erhalten, der ihre Leistungen tatsächlich in eine Beförderung umsetzt, wo sie es wünschen (nicht alle wollen es). Und nicht, dass sie sich kaputt arbeiten müssen. Die Leistung muss gerecht für das Unternehmen und gerecht für die Arbeiter sein. Aus diesen Gründen erscheint es sinnvoll, eine recht breite Klassifizierung der Ebenen beizubehalten.

Ich habe schon so häufig erlebt, dass Menschen auf ihrem Posten festsaßen, weil sie nicht gemeldet wurden oder, schlimmer noch, weil sie trotz ihres großen Beitrags zum Wohl des Unternehmens nicht in ihren richtigen Bestrebungen berücksichtigt wurden. Natürlich muss ein Kompliment, wenn es verdient ist, auch gemacht werden. Es ist das klassische Schulterklopfen, wie man sagt, denn Menschen müssen in ihrem positiven Verhalten bestärkt werden. Zeichen der Aufmerksamkeit des Chefs, finanzielle Anreize, beruflicher Aufstieg, offene und aufrichtige Wertschätzung sind Dinge, die Menschen bewegen, die sich in Motivation, in einen zusätzlichen Schub verwandeln, die Menschen besser leben lassen. Es ist eine positive Schleife. Leider nehmen viele Chefs diese Signale nicht immer wahr, sodass wertvolle Mitarbeiter aus Unternehmen, die mit Anerkennung geizen, zu anderen Ufern abwandern oder im schlimmsten Fall zwar in der Position bleiben, aber so unzufrieden sind, dass sie jeden Schwung in ihrer Arbeit verlieren. Es ist ein automatisches Gleichgewicht, das die Menschen suchen: „Wenn ich das hier nicht finde, gehe ich woanders hin, oder ich passe meinen Beitrag der Aufmerksamkeit an, die mir zugeteilt wird." Kurzum, die Motivation geht wieder einmal verloren. Im ersten Fall wird ein Angestellter oder ein Arbeiter oder sogar ein Manager sich dafür entscheiden, für einen anderen Arbeitgeber zu arbeiten, der ihn mehr zu schätzen weiß (es geht nicht nur um Geld, das muss klar sein); im zweiten Fall wird das Unternehmen seinen wertvollen Arbeiter behalten, aber mit einer Feder, die ihren Schwung verloren hat und nicht mehr so viel beiträgt wie früher. Ich erinnere mich an ein Gespräch mit einem leitenden Angestellten in einem Unternehmen, das ich damals aufgrund meiner persönlichen Unzufriedenheit verlassen wollte. Ich war jung und mein ehemaliger Kollege stand kurz vor der Pensionierung. Er sagte mir, und ich werde mich immer an diese Worte erinnern: „Ich wünschte, ich hätte den Mut gehabt, vor all diesen Jahren zu gehen." Es war ein trauriger Moment für ihn und eine Warnung für mich, die mich in meiner Entscheidung bestärkte, die ich bereits getroffen hatte und die ich für den Rest meines Lebens im Hinterkopf behalten habe.

Natürlich gibt es diejenigen, die Aufmerksamkeit erwarten, ohne viel zu geben, und man muss auch opportunistischem Verhalten oder mangelnder Initiative entgegenwirken. Wenn diejenigen, die sich unproduktiv benehmen, nicht zur Rede gestellt werden, könnte man wertvolle Mitarbeiter ebenso demotivieren, wie ein Mangel an Anreiz oder Wertschätzung ihnen gegenüber. Auch ich habe mich in meiner beruflichen Laufbahn leider manchmal mit Menschen gemessen, die sich – in unterschiedlichem Maße – nicht gerade eine angemessene Leistung erbracht haben. Bei denjenigen, die noch einen, wenn auch minimalen, Beitrag zum Unternehmen leisteten, sich aber, sagen wir mal, nicht mit Arbeit zu Tode schufteten, dachte ich mir nicht selten, dass sie vielleicht doch eine bessere Balance in ihrem Leben gefunden hatten, um nicht ein Dutzend Stunden am Tag oder mehr zu arbeiten und dann keine Energie mehr für sich und vor allem die eigene Familie zu haben. Kurz gesagt, auch Überarbeitung kann zu Ungleichgewichten führen, und das richtige Maß ist eine Ermessensfrage und hängt nicht vom Beschäftigungsgrad ab, sondern von der persönlichen Lebenseinstellung und der Energie, die man hat. Kurz gesagt, es ist nicht immer so linear. Es stimmt zwar, dass es notwendig ist, einen Teil der wertvollen Stunden des Tages für andere Aufgaben oder Aktivitäten wie Familie, Sport und andere Dinge zu reservieren, die das Leben vollständiger machen und die Lebenskräfte wieder aufladen können, aber es stimmt auch, dass ich des Öfteren Menschen gesehen habe, die bei der Arbeit nicht viel gegeben haben und dann auch in der restlichen Zeit wenig geleistet haben. Ich erinnere mich zum Beispiel an einen alten und müden CEO, einen Mann in den letzten Berufsjahren, der nicht mehr viel für sein Unternehmen tat, der aber auch keine Familie hatte, oder besser gesagt, der, obwohl geschieden, kein gutes Verhältnis zu seinen Kindern und einen immer gleichen, traurigen Gesichtsausdruck hatte. Ich erinnere mich auch an seine alkoholischen Cocktails am Abend. Das war auch eine Lektion für mich. Ja, Geld hat er gehabt, aber nichts anderes.

Ebenso habe ich Menschen mit verschiedenen Jobs gesehen, die ihrem Arbeitgeber nur sehr wenig Energie widmeten und dann eifrig in einem zweiten Job arbeiteten. Oder Menschen, die bei der Arbeit alles gegeben haben und sich in ihrer Freizeit noch ehrenamtlich engagierten. Es gibt also keine allgemein gültigen Regeln, und jeder Mensch hat ein unterschiedliches Maß an Energie und Vitalität, und das auf allen Ebenen der Beschäftigung. Schließlich sind wir nicht alle gleich. Diejenigen jedoch, die energisch bekämpft werden müssen, sind die Nachlässigen, diejenigen, die zwar genau und pünktlich ihre Rechte verteidigen, aber nicht gleich genau und pünktlich bei ihren Pflichten sind. So wie diejenigen, die die Minuten zählen und aufrecht vor der „Stempelmaschine" stehen, ihre Mäntel schon anhaben, um genau in der letzten Sekunde ihres fälligen Berufsauftritts zu gehen, als ob eine Sekunde mehr sie töten könnte. Ich habe leider einige von ihnen gekannt und habe das Bild von ihnen noch vor Augen. Wie traurig! Eine Zusammenarbeit mit diesen Menschen ist sicherlich undenkbar.

Was ich mit diesen wenigen Zeilen betonen will, ist, dass die Wahl der eigenen Humanressourcen, wenn wir es können, sicherlich eine wichtige Aufgabe ist, und noch wichtiger und eine unumgängliche Verpflichtung für uns Manager ist, den Menschen Raum zu geben, ihren Beitrag anzuerkennen und alles in unserer Macht Stehende zu tun, um ihre Motivation zu gewährleisten. Es ist nichts anderes als die Befriedigung des eigenen Handelns, das nicht nur selbsttragend sein kann, sondern zumindest von Zeit zu Zeit deutliche Zeichen der Verstärkung erhalten muss, die nicht nur Geld oder Karriere sind, im Gegenteil.

Diese Verpflichtung muss von der obersten Führungsebene ausgehen und die gesamte Betriebsbevölkerung betreffen, nicht nur die Führungskräfte, sondern auch die Kader, die Angestellten und die Arbeiter. Denn die Belohnung von Verdiensten, die Gewährleistung des beruflichen Aufstiegs und die gerechte Anerkennung von Fähigkeiten und erzielten Ergebnissen ist in der Tat das ABC jedes Unternehmens. Das hängt mit der Motivation zusammen, nachdem wir aber unsere Kollegen mit dem Vertrauen und dem gemeinsamen Ziel ausgestattet haben. Für uns ist es ein wichtiger Teil unserer Arbeit, diese Aspekte zu berücksichtigen. Wir sollten sie niemals unterschätzen.

Was ich zum Schluss dieses Kapitel noch betonen muss ist, dass die meritokratische Anerkennung der Leistung der einzelnen Manager oder Mitarbeiter nicht zu einem zu engen Konkurrenzkampf führen kann. Also jeder was einen Beitrag gibt soll sein Verdienst anerkannt sehen und jeder muss involviert werden, um auch seine Motivation zu finden. Dauerwettbewerb führt nur zu Burnout und ist kontraproduktiv mit der Zeit. Wir sind keine Maschinen und jedes System was auf Meritokratie basiert, soll und muss einen starken Fokus auf Kooperation setzen, damit wirklich nur Motivation und Zufriedenheit generieren kann und keine Kriege. (Fast) jeder hat sich seinen Platz im Betrieb verdient und soll auch nicht zurückgelassen werden. Auch in diesem Fall ist es nicht einfach, aber machbar. Auch das ist Nachhaltigkeit. Meritokratie (und Leistung) ist daher mit Motivation (innere Motivation) eng befreundet und muss sich neben Kooperation entfalten, vergessen wir das nie.

11
Überfluss

Zunächst einmal muss man sagen, dass „zu viel" erstickt, und zwar in jeder Hinsicht. Aus diesem Grund habe ich die Figur des Heiligen Franz von Assisi schon immer gemocht. Bekanntlich beschloss er, obwohl er aus wohlhabenden Verhältnissen stammte, sich aller irdischen Besitztümer zu entledigen und ein karges, asketisches Leben zu führen. Vor mindestens 800 Jahren beschloss dieser Mann, alles hinter sich zu lassen, sein Leben als wohlhabender Kaufmann aufzugeben und die Lumpen eines heruntergekommenen Bettlers anzuziehen. Er wollte sich den Armen, Kranken und Bedürftigen widmen. Demut war sein Credo, das Gebet und die Hilfe für den Nächsten sein Weg. Und am Ende wurde er heiliggesprochen. Auch Siddharta hatte es vorgezeigt und daraus wurde Buddha. Es gibt genug Beispiele eines spirituellen Wandels.

Du fragst dich vielleicht, was die Figur des Heiligen Franziskus mit uns heute zu tun hat und vor allem was es mit der Geschäftsführung eines Unternehmens zu tun hat. Vielleicht träumt doch so mancher Wirtschaftsstudent eh

R. Hopfinger, *Managen auf Südtirolerisch*,
https://doi.org/10.1007/978-3-658-50843-2_11

nur ein Leben voller Geld, Macht und vielleicht Luxusautos. Die Parallelität ist daher heute aktueller denn je. Wir leben in einer Gesellschaft, in der das Überflüssige, das Nutzlose, das Zuviel und das Sterile in jeder Hinsicht die Oberhand gewonnen haben. Zu viele Menschen laufen zu vielen Dingen hinterher, die eigentlich unnötig, nicht selten irreführend und manchmal sogar schädlich sind. Leider sind wir alle ein bisschen davon betroffen, manche mehr, manche weniger. Wir denken, dass wir etwas Unwiederbringliches verloren haben, wenn wir nicht jedes Jahr in den Urlaub fahren (manche mehrmals im Jahr), oder wenn wir das Fußballspiel von Juventus, FC Bayern, Rapid Vienna, Grasshopper oder Manchester Utd. verpassen (FC Südtirol nicht zu vergessen natürlich). Wir fühlen uns, als ob man unsere Lebensfülle beraubt hätte. Wir denken, wenn wir kein schönes Auto, kein schönes Haus, keine schöne Kleidung, usw. haben, dass wir im Leben nicht erfolgreich gewesen sind. Wir denken auch, dass wir nicht das genießen, was wir verdienen, wenn wir abends nicht mit Freunden und Bekannten etwas trinken gehen: Zeit zum Aperitif. Wir glauben, dass wir nicht sozial genug sind, wenn wir nicht auf alle Beiträge oder Nachrichten in unseren verschiedenen Apps, Facebook, Instagram oder LinkedIn reagieren. Wir suchen sogar nach Likes von Fremden: Was könnte überflüssiger sein als das? Wir haben das Gefühl, dass unser Posteingang am Abend leer sein muss, sonst haben wir bei der Arbeit versagt. Am Samstagabend gehen wir dann vielleicht in eine Disko oder in ein Restaurant, und am Sonntag machen wir einen Ausflug oder den unvermeidlichen Einkaufsbummel. Stundenlang in einem Einkaufszentrum; gibt es etwas Besseres als Einkaufen? Eigentlich schon. Wir sind so sehr damit beschäftigt, dem Überflüssigen hinterherzulaufen, dass wir meinen, alles tun zu können, ja zu müssen, als ob dies möglich wäre, sowohl im Beruf als auch im Privatleben.

Könnte all dies in unserem Dialog über nachhaltige Unternehmensführung übersehen werden? Nein, natürlich nicht. Auch unsere Unternehmen rennen heute zunehmend dem Image hinterher und vergessen dabei manchmal die Substanz. Die Notwendigkeit, auf eine Facebook-Attacke eines einzelnen Kunden zu reagieren, wird hervorgehoben und dann tausendfach in der allgemeinen Gleichgültigkeit des Netzes wiedergegeben, anstatt darüber nachzudenken, wie ein Verhalten korrigiert werden kann, das die Qualität unserer Arbeit tatsächlich untergräbt und das vielleicht für die meisten unsichtbar ist. Wir folgen den Lautsprechern der Massen über nutzlose Dinge und sehen nicht mehr die Dinge, die wenigen, die wirklich wichtig sind. Und in vielen Fällen werden wir dazu gezwungen. Wir haben den Blick für die Prioritäten verloren und verfangen uns in tausend Richtungen, die unsere Energie vollständig ausschöpfen, bis keine Energie mehr für die Tätigkeiten übrigbleibt, die wirklich einen Unterschied ausmachen. Wir treiben auf Sandstrände zu, wo wir unweigerlich auf Grund laufen.

Kurzum: Wir machen viel Unsinn und widmen uns – oft aus Zeitmangel – nicht mehr den wenigen Aspekten, die der Gesellschaft wirklich einen Mehrwert bringen. Wir fragen uns nicht mehr, wenn wir ein Thema, ein Problem, eine Sache anpacken, ob diese unsere Anstrengung für uns und für unser Unternehmen wirklich sinnvoll ist, ob sie die Gesellschaft im weitesten Sinne wirklich voranbringt, unseren Kunden zufrieden stellt. Wir führen einfach das Unnötige aus. Durch die Verschwendung von Ressourcen sind wir also gestresst, weil wir nicht in der Lage sind, alles zu tun, sowohl das Leichtsinnige als auch das Wichtige zu erledigen, und wir verlieren die Fähigkeit, uns den wichtigen Sachen zu widmen. Es ist noch schlimmer: in vielen Fällen sind wir nicht einmal mehr in der Lage zu unterscheiden, was wichtig und was sinnlos ist.

Selbst wenn wir wieder auf den rechten Weg kämen, würden wir gewiss nicht heiliggesprochen werden, da muss ich dich leider enttäuschen. Wir sind aber auch nicht verpflichtet, unsere weltlichen Güter zu verlassen und sie den Armen zu geben wie Franziskus. Sicherlich müssen wir aber auf den Weg des Wesentlichen zurückkehren, denn die Zeit, die wir haben, ist ein kostbares und begrenztes Gut, und wir haben nicht unendlich viel davon, um sie zu verschwenden. Die Fokussierung ist daher eine Pflicht für diejenigen von uns, die komplexe Strukturen bewegen und wirksam machen müssen und wollen. Es gibt keine Wirksamkeit im Überflüssigen, auch nicht in der Verfolgung frivoler und nutzloser Dinge oder in tausend Vergnügungen.

Lass mich ein konkretes Beispiel nennen: Wenn ich CEO eines großen Unternehmens wäre (und glaub mir, das möchte ich nicht sein, denn je höher man in der Hierarchie aufsteigt, desto schwieriger wird es, auf der Ebene der Konkretheit zu bleiben), würde ich allen Führungskräften und Managern auf allen Ebenen davon abraten, auf unpersönlichen und generalistischen sowie unqualifizierten Plattformen wie Twitter (X), Facebook und dergleichen Angriffe auf ihr eigenes Unternehmen zu verfolgen. Ich kann mir schon vorstellen, dass jemand unter euch entsetzt ist, aber ich werde versuchen, euch von der Richtigkeit meiner Aussage zu überzeugen. Jeder misst diesen Plattformen so viel Bedeutung bei, dass es eine unvermeidliche Pflicht zu sein scheint, darauf zu reagieren, wobei vergessen wird, dass eine solche sofortige und umfassende Reaktion nicht zu bewältigen ist. Wie kann man, wirst du sagen, das Netz nicht weiterverfolgen, die „digitale Demokratie“, das Wort des Einzelnen, der endlich frei ist, seinem nicht immer glühenden Verstand Luft zu machen. Leider wissen wir sehr wohl, dass die digitalen Plattformen voll von Fake News sind, von Menschen, die sich an allem und jedem rächen wollen. Häufig ist das Ziel die Berühmtheit eines Augenblicks zu erreichen. So entstehen echte Verzerrungen der Realität, die – selbst bei echten und relevanten Fällen – Grenzfälle oder Ausnahmen in Gewöhnlichkeit, in gefälschten Alltag verwandeln; sie verklären, verfälschen, betäuben, manchmal betrügen mit Teilvideos, gefälschten Geschichten, manipulierten Bildern. Und mit der künstlichen Intelligenz wird es noch ärger werden, wie man heute schon sieht. Man muss auch sagen, dass immer öfters diese Medien aus politischen und geschäftlichen Gründen eingesetzt werden.

Handelt es sich hier um digitale Demokratie oder um den Ausbruch von Menschen, die sich, wie ich sagen möchte, gut amüsieren und sich oft gar nicht bewusst sind, was sie tun und welchen Schaden sie anrichten? Ist es demokratisch manipulativen Kräften Freiraum zu schenken? Ich würde also nicht einmal auf die Vorzüge solcher Medienangriffe eingehen. Ein Unternehmen kann sich nicht auf die Spitze jeder Stecknadel konzentrieren, sondern muss in der Lage sein, in geordneten Umgebungen zu interagieren und auf detaillierte und gezielte Anfragen einzugehen, die direkt an das Unternehmen gerichtet werden. Natürlich ist man es dem Kunden schuldig, aber man kann nicht auf das Feuer im Haufen, in vielen Fällen zweifelhafter Herkunft, erwidern. Das ist ein totaler Realitätsverlust und keineswegs eine Demokratie des Netzes, eines Netzes, das in anderer Hinsicht natürlich viele Vorzüge hat. Wir müssen uns auf das Wesentliche konzentrieren, und dies war nur ein Beispiel dafür, wie substanzlos wir werden und wie sehr man uns glauben lässt, dass alles möglich ist und die Zeit unendlich dehnbar ist. Da braucht es auch eine geistige und kulturelle Weiterentwicklung der Gesellschaft, d. h. der einzelnen Menschen. Ich bin zuversichtlich für die Zukunft.

Aber zurück zum Thema, jeden Tag werden wir mit Unnötigem bombardiert, wir sind von Überflüssigem umgeben, und wir müssen uns entscheiden, was wir tun, was wir in Betracht ziehen, was wir wirklich angehen wollen. Wir müssen den Baum unseres täglichen Lebens beschneiden. Es geht nicht nur um das „Netz“, das in diesem Sinne die Apotheose des Chaos und der Zeitverschwendung ist, geradezu ein Katalysator für die Zeitverschwendung, eine Anhäufung von (häufig unpassenden) Wörtern in verwirrender Freiheit, die bedeutungslos sind und das Wenige, das wirklich zählt, das auch im Netz unter Tonnen von Asche und Schutt zu finden ist, verdunkeln. Unser tägliches Leben wird auch zu einer ständigen Konfrontation mit anderen unerwarteten Situationen, spontanen Anforderungen, Störfaktoren, Unterbrechungen, falscher Dringlichkeit und vorgetäuschten Problemen, die Stunde um Stunde oder Minute um Minute der verfügbaren Zeit in Anspruch nehmen und uns am Ende des Tages daran hindern, ein positives Gefühl zu haben, wirklich produktiv gewesen zu sein. Wie oft sind wir inmitten von tausend Sitzungen und Gesprächen am Ende des Tages mit der Erkenntnis angekommen, dass wir nicht einen Zentimeter weitergekommen sind. Wie oft haben uns Dinge, Situationen, Kollegen, Lieferanten und manchmal die Kunden selbst unsere nicht ausdehnbare Zeit unnütz gestohlen. Es fehlt uns die Zeit nachzudenken, was das Wesentliche unserer Arbeit sein sollte, was unsere Prioritäten sind, was wirklich das Beste ist, sogar für die Menschen, die uns unsere Zeit gestohlen haben. Wie ich noch erläutern werde, ist es notwendig, ein wenig Zeit innerhalb des Tages, der Woche oder des Monats zu extrapolieren, um uns selbst zu abstrahieren und ein wenig größer oder höher zu denken, um aus unserem täglichen Körper herauszukommen und die Dinge mit größerem Abstand mit einem äußeren Auge zu sehen, fast wie ein Astralkörper, der unser Leben von außen beobachtet und es folglich auf eine klarere, reinere, abstraktere und bewusstere Weise sieht. Wir müssen in der Lage sein, bewusst und geführt zu handeln und nicht improvisiert und unterworfen.

Manche werden bei diesen Aussagen die Nase rümpfen, denn unser Zeitalter hat uns an Non-Stop-Action gewöhnt. Langeweile gilt als die Pest, aber manchmal ist es auch wichtig zu wissen, wie man sich langweilt. Oder noch besser, zu wissen, wie man Leerlaufzeiten im Tag einbinden und nutzen kann, um seinen Gedanken freien Lauf zu lassen, denn nur so kann man sich bewusstwerden, was man tut, und vielleicht sein eigenes Ziel anpassen, Korrekturen einleiten oder sogar eine komplette Umkehr durchführen, wenn es nötig ist. Wenn wir die Zeit haben, nachzudenken, bekommen wir das Gefühl, dass wir selbst das Steuer in der Hand haben und nicht von anderen Menschen oder Ereignissen negativ beeinflusst werden. Wie können wir als Manager andere lenken, wenn wir nicht einmal unseren eigenen Kurs kontrollieren können?

Hier müssen wir also zu Franz von Assisi zurückkehren. Franziskus hatte auf eine bestimmte und durchdachte Weise erkannt, was er sich als Lebensziel setzen wollte. Damals hatte er erkannt, wie wichtig es war, seine Energie in genau diese Richtung zu lenken, und er hatte sich konsequent von allen Belastungen befreit, die ihn von diesem Ziel abbringen konnten. Und ich würde sagen, dass er sein Ziel mit Bravour erreicht hat, so sehr, dass er zum Heiligen und geistlichen Führer einer eigenen, von der Kirche anerkannten Bewegung wurde, oder besser gesagt, einer Lebensphilosophie, die vom Franziskanertum repräsentiert wird. Nun, wie gesagt, ist es nicht so, dass wir notwendigerweise eine so drastische Wahl treffen müssen, und es ist uns allen klar, dass wir nicht auf trockene und starre Weise mit dem Geist des Eremiten arbeiten müssen. Das brauchen wir auch nicht wirklich. Was wir alle brauchen, ist ein wenig Privatsphäre, Momente innerhalb des Tages oder regelmäßig ganze Tage im Laufe eines Monats, der Abstraktion, der gesunden Askese, das heißt, des Verzichts auf vieles, was uns umgibt, um uns zu konzentrieren und unserem Gehirn zu erlauben, unsere Lebensweise zu analysieren und neu auszurichten.

Manchen mag das trivial erscheinen, aber die Wahrheit ist, dass wir dies nicht tun, und das Ergebnis ist für alle sichtbar: Wir sind ein gestresstes Volk, das nicht in der Lage ist, Probleme auf effektive Weise zu lösen. Wir treffen schnelle Entscheidungen aufgrund falscher Annahmen, ohne die nötige und ausreichende Zeit gehabt zu haben, die Dinge zu verdauen. Alles ist dringend, vor allem das, was nicht dringend ist, und nichts kann mehr übersehen werden. Deshalb müssen wir alle vernünftiger werden und die wirklich vorrangigen Ziele auswählen, die wir verfolgen und verwirklichen wollen, und dabei zwangsläufig andere Dinge ausklammern, die auch nicht immer unbedingt sinnlos oder nutzlos sind; manchmal können es auch in der Tat nützliche Belange sein, die wir einfach nicht sinnvoll verwirklichen können, wenn nicht auf Kosten anderer Ziele, die wir für wichtiger halten. Die wichtigste Lektion, die wir lernen müssen, ist also die des Nachdenkens, des Unterscheidens, und dafür brauchen wir Zeit und wenig Ablenkung. Dieses Fokussieren bedeutet nicht, dass wir uns wie der heilige Franziskus tagelang ins Gebet flüchten müssen, und es bedeutet auch nicht, dass wir keine Phasen der Anspannung durchleben müssen, in denen jeder Gedanke aufgrund der Hektik der Ereignisse ausgeschlossen ist. Bestimmte Perioden besonderer Aktivität, ohne die nötige Zeit zum Nachdenken, sind unvermeidlich und in der normalen Ordnung der Dinge denkbar, wenn sie wirklich außergewöhnlich sind und durch kontingente Situationen von wirklicher Dringlichkeit und Bedeutung diktiert werden. Es bedeutet aber, dass wir nicht jede Minute unseren Terminkalender füllen dürfen, weil wir Dinge verdauen müssen, es bedeutet, dass wir Momente der Ruhe, nicht als

Zeit des Effizienzverlustes oder der Unproduktivität betrachten dürfen. Es bedeutet, dass wir unser Gehirn außerhalb der Routine arbeiten lassen müssen, um morgen besser zu machen, was wir heute vielleicht nicht gut können. Das bedeutet auch, dass wir die vielen, zu vielen störenden Elemente beseitigen müssen, die unsere Denkströme behindern. Das sind Besitze, die wir nicht brauchen, wie Tonnen von Kleidungsstücken oder neue Handys alle Jahre. Das können auch gewisse Menschen sein, die man besser vermeiden muss – die Zeitdiebe. Das können auch nur sterile Reden sein, die man vermeiden sollte, Nachrichten oder E-Mails, die man nicht bearbeiten oder beantworten sollte. Oder Likes, die wir ehrlich gesagt nicht brauchen. Kurz gesagt, wir müssen langsamer werden, um effektiver zu sein, wir müssen vor allem endlich begreifen, dass wir nicht ständig vernetzt sein können, und zwar genau deshalb, um besser und mehr, nicht weniger zu tun. Wie ich bereits festgestellt habe, leidet ganz Europa und die ganze Welt unter diesem Problem. Fälschlicherweise werden in der Welt der Führungskräfte großer Unternehmen und im Allgemeinen auch in den kleinsten Unternehmen unendliche Arbeitszeiten und die ständige Erreichbarkeit (z. B. über das Mobiltelefon bis in die späten Abendstunden und sogar an Feiertagen) als wichtiger Leistungsindikator und unverzichtbare Eigenschaft der Führungskraft angesehen. Die Realität ist, dass wir, vielleicht zu oft, endlose Sitzungen abhalten, in denen wir unermüdlich plaudern, ohne wirkliche Fortschritte zu erzielen. Alles überflüssig. Was ich als beruflichen Pragmatismus bezeichne und bereits erwähnt habe, ist genau die Fähigkeit, auf das Wesentliche zu fokussieren, aber auch sich auszuruhen und nachzudenken, um geistig präsenter und effektiver zu sein, bei der Arbeit und nicht nur, auch zu Hause vergessen wir das nicht. Ein Partner und Kinder müssen gepflegt werden. Ein müder und vernebelter Mensch, der sich auf unwichtige Sachen konzentriert, kann nicht produktiv arbeiten, kann nicht geschätzt sein, kann nicht ein guter Partner oder Elternteil sein. Ab und zu sollte also der Stift (oder die Tastatur, wie man heutzutage sagen sollte) auf den Tisch gelegt werden, um die Batterien zum Wohle des Unternehmens (und des Privatlebens) aufzuladen. Wenn wir dies nicht spontan tun können, müssen wir unseren eigenen Wochenplan mit scheinbar toten Zeiten erstellen, die sich als die produktivsten Zeiten der Woche erweisen werden. Nehmen wir uns ein paar Stunden Zeit, die wir nicht in Sitzungen verbringen, sondern in die Zukunft investieren. Lassen wir das Handy liegen. Das wird niemandem negativ auffallen, wenn überhaupt, dann im positiven Sinne. Und das müssen die Unternehmen wirklich tun, für die Gesundheit ihrer Mitarbeiter, aber vor allem für ihren eigenen Erfolg.

12

Middle Management unter Strom

Eine kurze Anmerkung zum mittleren Management (mit Fokus auf Italien und daher Südtirol) muss gemacht werden.

Wer weiß, wie Tolkien, die manchmal fantastische und manchmal gnadenlos reale Welt des „Managers der Mittelerde“ beschreiben würde, jener Figur, die irgendwo zwischen dem Topmanagement und den unteren Rängen der Organisationspyramide angesiedelt ist und die in vielen großen Industriekonzernen sowie in Wirtschaftsorganisationen in weiten Teilen unseres Planeten unter verschiedenen Namen (über)lebt.

Ich möchte vorausschicken, dass es wenig gibt, worüber man sich als Manager über ihren Zustand beschweren könnte. Sicherlich ein Job mit Licht und Schatten und sicherlich auch mit großen Verantwortungen verbunden, die nur wenige übernehmen möchten. Es wäre aber unbarmherzig und unseriös gegenüber denen, denen es schlechter oder viel schlechter geht als uns, ein Bild des Leidens zu vermitteln. Schließlich trage ich einen deutschen Namen und bringe deshalb einen deutschen Wissenschaftler ins Spiel,

R. Hopfinger, *Managen auf Südtirolerisch*,
https://doi.org/10.1007/978-3-658-50843-2_12

Gottfried Wilhelm von Leibnitz, der behauptete, dass Gott für uns Menschen unter allen möglichen Welten die beste auswählte. Und das ist es, was ich meinen Kindern beibringe. Wir leben in der besten aller möglichen Welten, zumindest bis jetzt. Das ist in vielerlei Hinsicht richtig.

Tatsache ist, dass ich auch ein Bewohner der Mittelerde bin und gerne laut und mit aller gebotenen Gnade argumentiere. Kehren wir also zu den „mittleren" Managern zurück. Zunächst sollten wir uns einmal klarmachen, wer wir für die allgemeine Öffentlichkeit sind: Wir gelten als glückliche Menschen, die sehr gut bezahlt werden und ihre Zeit damit verbringen, die Zeitung zu lesen. Bequem in unserem Sessel vertieft (vielleicht ein Sessel aus menschlichem Leder?) amüsieren wir uns manchmal darüber, die armen „Untergebenen" zu quälen. Darin sind wir mit dem Top-Management im gleichen Topf.

Wieder ein Klischee, eine Vereinfachung der Realität. Natürlich ist nicht jeder in der Zivilgesellschaft dieser Meinung. Gott sei Dank. Wahrscheinlich die wenigsten, aber es gibt einige, die so denken. Es gibt aber auch diejenigen, die sich vorstellen können, dass wir Menschen sind, die eine große Verantwortung tragen, auch mit wertvollen Fähigkeiten, die wir in langer Aus- und Fortbildung erworben haben, die durch Erfahrung bereichert wurde. Und das passt zweifelsohne. Wir sind auch Menschen, welche die Stunden, die wir arbeiten, die Entscheidungen, die wir treffen, die Risiken, die wir eingehen nicht zählen und die von der Leidenschaft getrieben sind, unsere Pflicht bis zum Ende zu erfüllen. Es stellt sich jedoch die Frage: Sind wir, um diese Aufgaben zu erfüllen, die uns offensichtlich übertragen wurden, weil wir Menschen mit den richtigen und notwendigen Fähigkeiten sind, auch mit den gleichen Befugnissen ausgestattet? Natürlich sprechen wir nicht von Superkräften oder Zauberstäben. Es gibt keinen Gandalf der Graue oder Harry Potter, um die Schwierigkeiten der eigenen Mission mit Magie zu bewältigen. Bei den Befugnissen handelt es sich um einfache Notariatsakte, in denen die Zuständigkeitsbereiche, die Ausgabenbefugnisse und die Grenzen dieser Befugnisse festgelegt sind. Aber haben wir auch innerhalb dieser notariellen Grenzen wirklich echte Steuerungsmöglichkeiten? Haben wir wirklich die Mitarbeiter und die wirtschaftlichen Mittel, um die uns übertragenen Aufgaben „in der Erde der Mitte" zu erfüllen? Sicherlich gibt es keine pauschale Antwort. Je nach historischer Epoche, der Organisationsstruktur, der Fähigkeit der Einzelnen, die richtigen Töne auf dem Arbeitsklavier zu treffen, oder der Thematik gibt es solche, die mehr Hebel haben, und solche, die weniger Hebel haben. Wir können gewiss nicht über grenzenlose Befugnisse verfügen, das liegt auf der Hand, und wir sind immer wieder großen Risiken ausgesetzt, die nicht selten sogar strafrechtlicher Natur sind, … schuldlos – in den meisten Fällen – und unabhängig von allem, was wir bei der ernsten Ausübung unserer Arbeit, in einer Welt, die zuweilen wirklich auf Hexenjagd zu sein scheint, machen. Jeder von uns hat Anekdoten über die Zeit zu erzählen, in der wir unseren Kragen riskiert haben.

Aber ist dann die typische Organisationsform des 21. Jahrhunderts die bestmögliche? Oder sind wir wie der unerfahrene Candidus, meistens ahnungslos und instinktiv optimistisch, die in einer grausamen Welt mit nur stumpfen Waffen kämpfen? Nun, das ist nicht weiter tragisch; wir können es mit einigen Aktualisierungen unserer Organisationen schaffen. Ein Manager muss in der Lage sein, pünktlich und effektiv zu handeln, er muss mit den richtigen Mitteln ausgestattet sein, und nur dann kann er für das, was in seinen Verantwortungsbereich fällt, voll verantwortlich sein. Er muss in der Lage sein, die erforderlichen Ausgaben zu tätigen, um den organisatorischen und rechtlichen Anforderungen gerecht zu werden und auf die Anforderungen des Umweltschutzes und der Arbeitssicherheit zu reagieren, auch wenn es darum geht, die richtigen Mitarbeiter einzustellen, die für eine ordnungsgemäße Verwaltung erforderlich sind. Die zugewiesenen Humanressourcen müssen qualitativ und quantitativ angemessen sein, unter Berücksichtigung der Qualifikationen und der entsprechenden Ausbildung, ihrer Motivation und ihrer Laufbahn. Sie müssen den Anforderungen der immer häufigeren und anspruchsvolleren externen Überwachungsstellen gerecht sein. Alle Unternehmen sind heute keine unabhängige Insel mehr, wie sie es vielleicht einmal waren, als es weniger „Einmischung" von außen gab, sondern sie sind in eine immer komplexere Realität eingetaucht, die häufig überfordernd ist, wenn ich das so sagen darf, und die weder die Bedingungen der realen Arbeitsabläufe berücksichtigt (sondern sich in imaginären perfekten Welten bewegt), geschweige denn, die insgesamt vernünftig verfügbaren Ressourcen. Jeder überwacht, und unter dem Druck neuer Vorschriften und neuer sozialer Anforderungen entstehen an allen Ecken und Enden öffentliche Einrichtungen verschiedenster Art. Die Bewachten verschwinden manchmal unter den vielen Wächtern, alles muss sofort und sorgfältig erledigt werden, auch wenn es fast unmöglich ist. All dies in extrem regulierten und verfahrensorientierten Bereichen, in denen nichts dem Zufall überlassen wird. Das Management von Sicherheit, Umweltschutz, Vermögensverwaltung, Beschaffung, Verträgen, Investitionsprojekten, Wartungsaspekten, sogar Datenschutz und vieles mehr erfordern Ressourcen. Alles klar und alles führt zum mittleren Manager. Er, der Arbeitgeber, der Projektleiter, der Erklärer von tausend Verantwortungsübernahmen, die alle perfekt geregelt und verfahrenstechnisch festgelegt sind, aber nicht unbedingt mit echten Managementhebeln korreliert sind (und häufig auch nicht angemessen vergütet). Ich möchte einen Aufruf an die Welt richten: Lässt uns unseren eigenen Ansatz pragmatischer und wirksamer, realistischer und weniger gnadenlos strafend gestalten. Es hilft niemandem, den Schwarzen Peter weiterzureichen, wir brauchen einen anderen Ansatz. Manchmal habe ich jedoch den Eindruck, dass das mittlere Management an vielen Stellen als Blitzableiter fungieren soll, um andere zu schützen. Sicherlich auch in öffentlichen oder halböffentlichen Unternehmen, aber nicht nur dort. Aber manchmal ist auch der Top-management unter der Politik gedrückt. Eine weitere Erde der Mitte! Aber dann könnte sogar Candidus pessimistisch werden! Ich werde später auf dieses Thema zurückkommen.

Wie gesagt befinden sich die Middle Manager zwischen Top und Low Management und spielen eine wichtige verbindende Rolle. Nicht selten wird aber von den oberen Etagen vieles verlangt, was nicht immer unbedingt machbar oder anwendbar ist. Uns steht aber zu die nicht immer gut definierten Ziele in Aktionen umzuwandeln und an Low Management und an die übrige Crew weiterzuleiten. Das Ganze kostet sehr viel Einsatz und Zeit und es ist auch nicht immer einfach konkret rüberzubringen.

Gemäß der geltenden Gesetzgebung haben Führungskräfte in Italien, wie auch in den anderen europäischen Ländern, keine gesetzlich festgelegte Arbeitszeit, obwohl sie wie andere Arbeitnehmer angestellt sind. In keinem der auf Führungskräfte anwendbaren nationalen Tarifverträge finden sich Hinweise auf maximal zulässige Arbeitsstunden. Dies liegt daran, dass Führungskräfte leitende und koordinierende Funktionen mit eigener Entscheidungsautonomie und Verantwortung für die ihnen unterstellten Abteilungen oder Bereiche innehaben. Daher erhalten sie keine Vergütung für Überstunden, profitieren jedoch in der

Regel von Prämien, wie bereits gesagt, die an das Erreichen von Unternehmenszielen sowie spezifischen Unterzielen ihres Bereichs gekoppelt sind, sowie von Zusatzleistungen wie sanitäre Versicherungen oder Zusatzpensionsfonds, um nur einige zu nennen.

Es ist anzumerken, dass auch andere nichtleitende Kollegen häufig von Gesundheits- und Altersvorsorgeleistungen profitieren und in der Regel Überstundenvergütungen sowie stärkeren Kündigungsschutz genießen. Nichtleitende Mitarbeiter unterliegen beispielsweise klar definierten gesetzlichen Regelungen bezüglich der maximalen Arbeitszeit und sind im Gegensatz zu Führungskräften nicht von der sogenannten „ad nutum"-Kündigung betroffen. Dies sind einige der Gründe, warum ein leitender Angestellter häufig zögert, in die höhere Führungsebene aufzusteigen, selbst wenn das Unternehmen ihn dazu drängt.

Wie bereits erwähnt, besteht die Hauptaufgabe einer Führungskraft, nicht nur vom Middle-Management, in der Leitung und Koordination. Das bedeutet, dass die Verantwortung der Führungskraft sowohl operativer als auch strategischer Natur ist: Sie muss die sogenannten Produktionsfaktoren (menschliche und materielle Ressourcen) eigenständig koordinieren und für die Ergebnisse Rechenschaft ablegen. Das ist die Theorie. Aber warum sind Führungskräfte überlastet? Darauf kommen wir noch zurück.

Wie bereits erwähnt, gibt es in Italien, wie auch in anderen europäischen Ländern, keine gesetzliche Begrenzung der Arbeitszeit für Führungskräfte. Dennoch gelten für sie, wie für jeden Bürger, die allgemeinen Bestimmungen zum Schutz der Arbeiter, in Italien z. B. des Artikels 36 der italienischen Verfassung, der wie folgt lautet:

> „Der Arbeitnehmer hat Anspruch auf eine Vergütung, die der Quantität und Qualität seiner Arbeit entspricht und in jedem Fall ausreicht, um ihm und seiner Familie ein freies

und würdiges Leben zu sichern. Die maximale Dauer des Arbeitstages wird gesetzlich festgelegt. Der Arbeitnehmer hat Anspruch auf wöchentliche Ruhezeiten und bezahlten Jahresurlaub, auf die er nicht verzichten kann."

Als verfassungsrechtliche Bestimmung gilt dieser Grundsatz allgemein und ohne Ausnahmen. Es ist wichtig, sich daran zu erinnern. Schließlich handelt es sich um ein Dokument von höchstem demokratischen und sozialen Wert, nicht nur in Italien.

Darüber hinaus gilt für Führungskräfte, auch wenn sie faktisch vom Gesetzesdekret Nr. 66 von 2003 ausgenommen sind, das Gesetzesdekret Nr. 81 von 2008, das die Gesundheit und Sicherheit am Arbeitsplatz regelt. Konkret verpflichtet dieses Dekret zur Bewertung der Risiken, die sich aus der Arbeitszeit und dem arbeitsbedingten Stress ergeben, einschließlich der physischen und psychischen Ermüdung sowie der fehlenden Regeneration des Arbeitnehmers – auch für Führungskräfte. Ohne konkrete Daten zu den geleisteten Arbeitsstunden ist es jedoch schwierig, klare Grenzen festzulegen.

Führungskräfte, die Arbeitgeber sind, kennen diese Aspekte und Verpflichtungen gut und wenden sie entsprechend auf ihre Mitarbeiter an. In den Risikobewertungsdokumenten wird daher auf die Risiken einer übermäßigen Arbeitsbelastung geachtet, mit kontinuierlichen Anpassungen und Erhebungen, einschließlich der Erstellung von Fragebögen zur Identifizierung möglicher Anzeichen von arbeitsbedingtem Stress. Für Führungskräfte selbst geschieht dies jedoch nicht.

Hier kommen wir zu den Aspekten, die uns Südtiroler und Italiener von anderen europäischen Ländern unterscheiden. Ich möchte drei Hauptaspekte hervorheben:

Bürokratie: Dies bezieht sich auf die unkontrollierte Vermehrung von staatlichen, regionalen und internen Unternehmensvorschriften sowie regulatorischen Konstrukten aller Art, die es schwierig machen, den Handlungsspielraum einzelner Führungskräfte zu erkennen. Dies ist wahrscheinlich der typischste italienische Aspekt, der in anderen Ländern in diesem Ausmaß kaum zu finden ist. In den meisten anderen Ländern verfügen Führungskräfte zudem über unterstützende Strukturen, die in Italien verschwunden sind, aber notwendig sind, um sich zu fokussieren und die richtigen Entscheidungen zu treffen.

Zentralisierung: Dies bezieht sich auf die organisatorische Vertikalisierung und die Konzentration von Entscheidungsbefugnissen (meistens in den höchsten Unternehmensebenen), was die Umsetzung der in der Definition von Führungskräften enthaltenen Entscheidungsautonomie erschwert, während gleichzeitig die persönliche Verantwortung der Führungskraft oft unverändert bleibt, selbst für Angelegenheiten, die außerhalb ihres Handlungsspielraums liegen. Auch die Delegation von Aufgaben und Entscheidungen an untergeordnete Ebenen (Low Management) ist aufgrund der begrenzten Möglichkeit zur Nutzung des Delegationsprinzips schwer umzusetzen. Dies resultiert aus einer Kontrollkultur, die wahrscheinlich auch auf andere Dynamiken in unserem Land zurückzuführen ist. In anderen europäischen Ländern sind Entscheidungen und damit auch Verantwortlichkeiten stärker verteilt.

Komplexität: Dies bezieht sich auf die breite Palette von Aktivitäten, erforderlichen Kompetenzen, Ansprechpartnern sowie auf die Vermehrung von organisatorischen Strukturen, Abteilungen, Büros und Unternehmen, ganz zu schweigen von ständigen Änderungen von Ansprechpartnern und Interpretationen der Unternehmensrolle, die die internen Beziehungen innerhalb der Gruppe im Unternehmen äußerst komplex machen, destabilisieren und sowohl die Bürokratie als auch die Zentralisierung von Funktionen erhöhen.

Die Führungskräfte im Allgemeinen und das Middle Management besonders befinden sich daher in einer schwierigen Lage, da sie im Vergleich zu vielen ihrer Kollegen jenseits der Alpen mit Faktoren kämpfen müssen, die außerhalb ihres Handlungsspielraums liegen.

Es gibt auch einen starken kulturellen Faktor, der das Umfeld, in dem die Führungskraft agiert, weiter verkompliziert. Dies ergibt sich nicht aus Vorschriften, sondern aus komplexen kulturellen Faktoren, die insbesondere Italien und nur zum Teil Südtirol betreffen. Wir sprechen vom Präsenzialismus. Für Führungskräfte ist die physische unbegrenzte Präsenz am Arbeitsplatz eine unverzichtbare moralische Verpflichtung. Damit verbunden ist natürlich auch die Pflicht zur Erreichbarkeit außerhalb des Büros, erleichtert durch die heutigen Kommunikationstechnologien. Im Wesentlichen muss die Führungskraft ständig verbunden sein und zeigen, dass sie viele Stunden arbeitet. Wenn sie im Büro ist, sollte sie möglichst als Letzte gehen, aber vor allem muss sie immer telefonisch, über WhatsApp, E-Mail und andere Kanäle erreichbar sein. Dies wird durch die hohe Verantwortung erleichtert, die sie trägt, und es liegt in ihrem Interesse, immer erreichbar zu sein, insbesondere wenn sie starke Arbeitgeberverantwortung hat.

Dies macht es den Einzelnen schwer, neben ihrer Arbeit noch andere Dinge zu tun. Ob es darum geht, sich um die eigene Familie, den Partner, die Kinder oder die Eltern zu kümmern – was ein wichtiger und unverzichtbarer Teil unseres Lebens sein sollte und nicht nur eine Pflicht gegenüber unseren Angehörigen; ob es darum geht, etwas Sport zu betreiben, um unseren Körper zu regenerieren, der auch wichtig ist, um die Gehirnfunktionen zu gewährleisten, die wir bei der Arbeit einsetzen, und um das nationale Gesundheitssystem nicht zu belasten; ob es darum geht, unseren anderen Interessen nachzugehen, denn wir leben nicht nur vom Brot allein, wie Papst Franziskus auch sagte; ob es schließlich darum geht, sich angemessen anderen sozialen Verpflichtungen zu widmen, wie zum Beispiel sozial nützlicher Arbeit, Freiwilligenarbeit – wir alle haben das Recht, ein Leben außerhalb der Arbeit zu haben, und das unabhängig von unserem beruflichen Profil: Führungskraft, leitender Angestellter, Angestellter oder Arbeiter, wie es im italienischen Rechtssystem so beschrieben ist. Als Menschen haben wir alle die gleichen Bedürfnisse. Es geht hier nicht um das Gehalt, das ohnehin die umfangreichen Verantwortlichkeiten, die wir tragen, sowie die in vielen Jahren erworbenen Kompetenzen, auch aufgrund unserer persönlichen Eigenschaften, vergüten sollte. Es geht hier um das kostbarste Gut – unsere Zeit – und darum, dass ein Teil dieser Zeit anderen Aktivitäten gewidmet werden sollte, die für den Einzelnen und die Gesellschaft im weiteren Sinne ebenso wichtig sind.

In den Ländern jenseits der Alpen, wie bereits erwähnt, wird dem Work-Life-Balance auch für Führungskräfte wesentlich mehr Aufmerksamkeit geschenkt. Das stellen wir übrigens auch hierzulande immer öfters fest: Unsere jüngeren Kollegen legen meistens größten Wert auf ihre persönlichen Freiräume, auf ihr Leben außerhalb des Berufs. Uns hingegen wurde das anders beigebracht. Wir können ihnen das nicht verübeln, denn sie haben recht, nicht wir. Das hängt auch mit dem Recht auf Nichterreichbarkeit zusammen, das es heutzutage für Führungskräfte kaum gibt, da sie, wie gesagt, immer erreichbar sein müssen. In einigen Ländern gibt es aber Sperren für das Versenden von E-Mails nach einer bestimmten Uhrzeit; dasselbe gilt für Anrufe. In einigen Unternehmen darf man nach einer bestimmten

Uhrzeit gar nicht mehr im Büro bleiben: Man wird regelrecht hinausgeworfen. Auch das ist richtig so. In vielen Ländern – sicherlich auch in den meisten Betrieben in der Schweiz, Deutschland und Österreich – ist es zudem üblich, in Strukturen zu arbeiten, die über unterstützendes Personal verfügen, das die Führungskraft von Tätigkeiten mit geringem Mehrwert entlastet. Ich spreche hier von Assistenten oder „Stellvertreter“, juristische Berater, Analysten oder andere für spezifische Projekte zuständige Mitarbeiter, die wo nötig eingesetzt werden müssen – also über Personen, die koordiniert werden müssen. Natürlich ist im deutschsprachigen Raum auch das bürokratisch-normative Gefüge weniger komplex (obwohl vorhanden), die Kontroll- und Präsenzkultur schwächer ausgeprägt und das Vertrauen und die Delegation stärker als in Italien.

Die Wahrheit ist auch, dass es im Ausland im Verhältnis mehr sogenannte Manager gibt, während in Italien die Zahl der Führungskräfte sinkt. Glaubt man hier nicht mehr an den Wert dieser organisatorischen Figur? Faktisch scheint es so zu sein. An ihrer Stelle gibt es nun meist untergestellte leitende Angestellte – Kader – oder es werden Strukturen zusammengelegt, wahrscheinlich in der Annahme, dadurch Kosten zu sparen. Gab es früher 2 Manager, gibt es heute nur noch einen. Vielleicht gibt es auch immer weniger Menschen, die bereit sind, die Rolle einer Führungskraft zu übernehmen? Ich fürchte, dass auch das aus den oben genannten Gründen zutrifft. Und genau deshalb versteht man, warum die Führungskraft in Italien überlastet ist und nicht selten keine Zeit für andere Dinge hat. Es gibt also auch beträchtliche Unterschiede von Land zu Land und das sollte uns zum Nachdenken anleiten, vor allem in großen öffentlichen Unternehmen, und vor allem in Italien. Wir riskieren ansonsten als Betrieb Geschehnisse hinnehmen zu müssen, ohne auf ein reaktives Middle Management zählen zu können. Das wäre wahrlich hemmend und schädlich.

13

Elektrokommunikation

Es klingt wie ein triviales Thema, aber glaubt mir, das ist es ganz und gar nicht. Elektronische „Signale" sind das tägliche Ärgernis für viele Manager und Angestellte. Und da hört man sich zum Beispiel sagen: „Aber hast du die E-Mail nicht gelesen?" Manchmal mit Empörung. Wer hat diese Worte nicht schon einmal gehört soll höflich die Hand heben. Natürlich könnte die Variante „Warum hast du nicht auf die E-Mail geantwortet?", noch dringlicher, sein. Die Kommunikationskanäle sind heute vielfältig: Die Plattformen vervielfachen sich täglich. Zusätzlich zu E-Mails, Pec, oder zu klassischen SMS oder WhatsApp, da Papierbriefe und Faxe heute sehr selten sind (zumindest danken die Bäume), erreichen uns Informationen auf tausend Wegen. Der Informationsaustausch erfolgt über die unterschiedlichsten Kanäle: von Facebook bis Twitter, von LinkedIn bis Instagram, von Discord bis Messenger und wieder Snapchat, Google, Reddit, Viber, Telegram, Line, Yammer, Teams, WeChat, YouTube, usw. Nachrichten erreichen uns auf unzähligen institutionellen oder nicht-institutio-

R. Hopfinger, *Managen auf Südtirolerisch*,
https://doi.org/10.1007/978-3-658-50843-2_13

nellen Plattformen, von großen Zeitungen oder einfach auf Websites, die verschiedene Quellen sammeln. Und auch in der öffentlichen Verwaltung gibt es erste zaghafte Schritte in Richtung Digitalisierung (lass das meine Provokation sein).

Besitzt du bereits deine elektronische Identität? Bist du auf anderen mehr oder weniger bekannten digitalen Plattformen registriert? Sicher werden in Zukunft weitere Plattformen hinzukommen. Es ist unmöglich, sie aufzuhalten. Aber brauchen wir all diese Informationen, all diese Interaktionen? Und ständig erreichbar und online zu sein?

Wie ich bereits festgestellt habe, werden wir im Zeitalter der unstrukturierten Multikanal-Kommunikation mit meist nutzlosen, überflüssigen und manchmal schädlichen Informationen innerhalb und außerhalb von Unternehmen bombardiert. Wir sind bereits im Krieg. Es ist ein Krieg der Information (oder Desinformation), ein Krieg um die Aufmerksamkeit, wo jeder jeden ungefiltert, direkt und sofort erreichen kann. Ich nenne das „Demidiotkratie", welche die wahre Demokratie verdrängt hat.

Berufsleben und Privatleben sind so eng miteinander verwoben, dass wir das eine nicht mehr vom anderen unterscheiden können! Und es ist kein Zufall, dass Fotos von Kindern, Enkeln und Großeltern oder vertrauliche Nachrichten über dich oder dein Unternehmen veröffentlicht werden und in die Öffentlichkeit gelangen, manchmal unwissentlich, oft aus Spaß oder um die Langeweile einer Bevölkerung zu vertreiben, die desillusioniert und selbstzerstörerisch geworden ist und sich sicherlich nicht mehr auf das Wesentliche konzentriert. Und dies im Zeitalter des viel gepriesenen Privacy-Schutz, in dem Unternehmen von Multimilliardären unsere privaten Daten verkaufen und kaufen, um den Umsatz zu steigern, unsere Verbraucherpräferenzen zu stehlen oder uns anderweitig wirtschaftlich (oder noch schlimmer) auszubeuten. Manchmal um Wahlkampagnen zu verzerren, um uns zu manipulieren und dies häufig mit unserer Genehmigung.

Dann kommt es vor, dass du am Wochenende oder an Feiertagen, während der Geburtstagsfeier deines Kindes oder ähnlichem von deinem Kollegen oder Chef angerufen wirst, um dir die Feier im schönsten Moment zu verderben. Und dies vielleicht nur um zu fragen, wo der physische oder virtuelle Ordner mit einer bestimmten Datei ist, oder ob du dich noch an den Namen des Kunden X erinnern kannst, oder um dich daran aufmerksam zu machen, dass am Montag eine Besprechung stattfindet, für die es bereits vielleicht schon einen Outlook-Termin eingegeben wurde und somit keinen Mehrwert gab. Manchmal dient es nur dazu, zu zeigen, dass es diese Leute überhaupt gibt, dass sie da sind und vor allem, dass sie „am Ball" sind. Was es noch bedeuten könnte, „am Ball zu bleiben", ist den Meisten nicht klar.

Am Ende der Geburtstagsfeier, die durch den Anruf unterbrochen wurde, hat die Enkelin ein Foto von dir am Handy gemacht und es auf Facebook gepostet, ohne dich zu fragen, vielleicht in Unterwäsche oder mit einer Clown-Nase, wer weiß! Ich treibe es natürlich auf die Spitze, aber vielleicht sollten wir innehalten und diesen ständigen Strom von Bits, der auf uns eindringt, so weit wie möglich wieder in eine begrenzte Struktur und in bestimmte Regeln bringen. Und wenn es im Privatleben kompliziert sein kann, sollte es im Berufsleben einfacher sein, und es ist sicherlich ein Muss.

Beginnen wir also damit, dass wir den Sinn des Maßes wieder in den Mittelpunkt stellen und uns auf die Wirksamkeit unserer Kommunikation konzentrieren.

Und lasst mich noch über das Smartphone sprechen, unseren unzertrennlichen Begleiter. Anrufe außerhalb der normalen Arbeitszeiten müssen die Ausnahme und nicht die Regel werden. Das sollte lediglich der Fall sein, wenn es einen wirklich zwingenden Grund dafür gibt. Andernfalls handelt es sich nur um ein ungerechtfertigtes Eindringen in die Privatsphäre vieler, mit dem einzigen Ziel, die tiefgreifende Desorganisation des Anrufers aufzudecken. Ein Anruf um 11 Uhr abends, aus sinnlosen und aufschiebbaren Gründen, kann nur drei Gründe haben:

1. Entweder ist der Anrufer nicht in der Lage, zwischen einer dringenden und wichtigen Angelegenheit und einer Bagatelle zu unterscheiden, und es mangelt ihm daher an Intelligenz;
2. oder er ist nicht in der Lage, seine eigene Arbeit zu organisieren, und lässt seine Unfähigkeit an anderen aus, d. h. er ist unfähig;
3. oder er tritt bewusst mit starker Hand in dein Leben, mit dem einzigen Zweck, dir zu zeigen, dass er immer am Ball ist – schon wieder – und dich dazu zu drängen, das Gleiche zu tun. In diesem Fall könnte es sich um einen Narzissten oder eine machtgierige Person handeln.

Das Gleiche gilt natürlich auch für WhatsApp-Nachrichten, SMS oder E-Mails, wo man eine sofortige Reaktion verlangt, ohne dass eine wirkliche Notwendigkeit oder Dringlichkeit besteht. Das Telefonieren wird dann zur Obsession.

Selbst das Verbleiben im Büro bis spät abends oder gar nachts ist nichts anderes als eine Anprangerung der persönlichen Unfähigkeit des Einzelnen oder der Organisation, die Arbeitsprobleme auf gewöhnliche und normale Weise zu bewältigen. Die Ausnahme ist immer die Dringlichkeit eines bestimmten außergewöhnlichen Ereignisses, für das es natürlich Verständnis gibt und das immer in jeder Organisation und bei jedem passieren kann. Wenn diese Ausnahmesituation jedoch zur Regel wird, ist sie ein Symptom für Desorganisation und für die persönliche Unfähigkeit des Einzelnen, sich selbst zu organisieren, oder für die Unfähigkeit der Unternehmensleitung, notwendige Veränderungen oder Verstärkungen der Unternehmensstruktur zu bewältigen. Manchmal kommt es vor, dass dieses Fehlverhalten außerhalb der Organisation selbst liegt, welche Anforderungen und Bedürfnisse erfüllen muss, die nicht ihre firmeneigenen sind, sondern die des Systems, in das sie eingebettet ist. Dies könnte in vielen großen Unternehmen in Italien der Fall sein, wo das System des Landes nicht optimal zu funktionieren scheint und das „Außergewöhnliche" des Alltags vielen das Leben schwer macht. Doch nicht nur in Italien wohlgemerkt, da wir auch in diesem Sinne immer mehr globalisiert sind.

Dabei würde es genügen, sich in Europa ein wenig umzusehen und andere Länder wie die Nordländer als Beispiel zu nehmen. In diesen Ländern wird die Privatsphäre stärker respektiert. Wenn du mir nicht glauben willst, überprüfe es selbst. Die Wirksamkeit dieser Systemländer scheint nicht dadurch beeinträchtigt zu werden, dass es ab einer bestimmten Uhrzeit keine Interaktionen mehr gibt – auch nicht per Telefon – außer denen, die wirklich notwendig und oft de facto verfahrenstechnisch bedingt oder geplant sind. Ich will nicht sagen, dass der Garten des Nachbarn immer grüner ist, weil es auch dort ähnliche Situationen gibt, aber in bestimmten Ländern gibt es auch weniger Geltungsdrang der Einzelnen und eine größere Portion an Pragmatismus. Die Menschen – von Ausnahmen abgesehen – wissen, was zu tun ist und wann es zu tun ist, die Organisationen verfügen über die nötigen Mittel, es wird viel weniger geredet und mehr gehandelt. Natürlich sind die Konturen unterschiedlich, aber die Prioritäten sind festgelegt. Es ist klar, dass ich im Allgemeinen spreche. Es gibt überall Schattenseiten und in Italien gibt es viel Gutes und hervorragende Organisationen. Die Welt, wie gesagt, ist immer mehr globalisiert! Und das in jeder Hinsicht.

Wie dem auch sei, wir interpretieren wahrscheinlich die Spielregeln falsch, was die Kommunikation anbelangt, oder besser gesagt, wir spielen fast ohne Regeln, und das ist nicht akzeptabel. Wir müssen einige gesunde Gewohnheiten wieder einführen, angefangen von mehr Respekt, etwas, das weitgehend verloren gegangen ist. Es geht nicht darum, weniger zu arbeiten, was an sich eine gute Sache wäre, sondern es geht darum, besser, effizienter und respektvoller zu arbeiten und zu einem familiäreren und menschlicheren Lebensstil zurückzukehren. All der Fortschritt, der erreicht wurde, muss schließlich dazu dienen, besser zu leben, versuchten sie mir einst beizubringen. Und wir sind diejenigen, die anfangen müssen. Mit gutem Beispiel voran.

Es ist müßig, hier, wenn auch nur kurz, einen Dekalog guter Regeln und beruflicher Praktiken aufzuführen, denn sie sind intuitiv und offensichtlich. Ruf nicht außerhalb der „normalen" Geschäftszeiten an, sprich nicht zu viele Personen in E-Mails an, berufe keine unnötigen Sitzungen aus reinem Geltungsdrang ein, gib keine Informationen ohne Mehrwert weiter, usw. Kurz gesagt, es geht darum, die Menschen, insbesondere die so genannten Narzissten, zu Respekt zu erziehen. Auch für mich ist die Arbeit eine echte Lebensaufgabe, aber ich muss andere nicht ständig bombardieren, um zu zeigen, dass ich am Ball bin. Es werden die Ergebnisse beweisen, was wir tun, und nicht die Flut von Nachrichten, die wir unseren Mitmenschen aufdrängen. Ich überlasse es den Managern aller Ebenen und Berufsfamilien, einen echten Beitrag für die Gesellschaft und ihre Organisationen zu leisten, und zwar mit der Dankbarkeit vieler Familien, die so wieder Raum für Zuneigung gewinnen können, trotz Elektronebel und Bit-Stürme. Wir sollten uns vor Augen halten, dass übermäßig lange Arbeitszeiten am Abend oder die ständige Suche nach unangemessenen Interaktionen mit den eigenen Mitarbeitern nicht zwangsläufig mit Effizienz gleichzusetzen sind. Wie ein Lied von Elvis Presley einmal sagte: „A little less conversation, a little more action". Oder wie ich es ausdrücke: ein wenig mehr Pragmatismus und weniger Egoismus. Es schadet sicher nicht. Es liegt an uns allen, uns und unser Leben zu verbessern. Benutzen wir einfach unseren gesunden Menschenverstand.

14

Ersetzbarkeit

Befassen wir uns nun mit einem Konzept, das einigen vielleicht nicht gefällt, das aber eine unbestreitbare Realität ist: Wir alle sind ersetzbar. Selbst die größten Führungspersönlichkeiten, die größten Welteroberer, die größten Politiker, die größten Unternehmer, die größten Vorstandsvorsitzenden und die größten Erfinder haben irgendwann einem anderen die Bahn frei gemacht, der dann ein Projekt, einen Weg, eine Idee, ein Unternehmen an ihrer Stelle weitergeführt hat und dabei in vielen Fällen sogar den Kurs oder die Perspektive geändert hat. Schließlich gilt: Staub zu Staub. Es spielt keine Rolle, welche Position man innehat, nicht einmal der Grad der sozialen und beruflichen Anerkennung, den man erreicht hat. Die Welt verändert sich ständig, schlägt ein neues Kapitel auf und nichts bleibt unverändert. Der Mensch folgt auf den Menschen, was folgt auf was, und jeder wird früher oder später überflüssig, verliert an Energie, wird untauglich, der eine früher, der andere später. Und das ist auch gut so, denn wir sind Menschen und keine Maschinen. Wenn jeder Chef bis zum

R. Hopfinger, *Managen auf Südtirolerisch*,
https://doi.org/10.1007/978-3-658-50843-2_14

80. Lebensjahr im Sattel säße, gäbe es auf Dauer keine Innovation und keinen Platz für junge Leute. Und dann würden wir zwangsläufig auf den Zusammenbruch, auf das Scheitern zusteuern. Veränderung ist schließlich die Würze des Lebens. Vorausgesetzt natürlich, dass man es nicht übertreibt, denn auch die ständig unmotivierte Veränderung in einer Organisation würde zum Zusammenbruch führen. Schließlich wollen wir alle manchmal ein bisschen Stabilität, das liegt in der menschlichen Natur, aber wir dürfen diese Tendenz nicht überhandnehmen lassen. Wenn uns der Wunsch nach Stabilität zu stark wird, ist es vorbei, glaub mir. Sie wird zur Unbeweglichkeit.

Deshalb verwende ich bei meinen Mitarbeitern, aber auch bei meinen Familienmitgliedern manchmal gerne ein vielleicht etwas makabres Gleichnis, nämlich dass die „Friedhöfe voller unersetzlicher Menschen sind" und dass es im beruflichen, aber auch im persönlichen Leben notwendig ist, oft das Paradigma zu wechseln, die Perspektive zu wechseln, „man muss immer wieder aus der eigenen Asche geboren werden, wie der Phönix". Ich sage das im Allgemeinen, indem ich hauptsächlich an mich selbst denke, und manchmal schaue ich untröstlich auf diejenigen, die es nicht schaffen, die Seite ihres Lebensbuches zu wechseln, als ob sie ewig leben würden, als Unsterbliche. Wehe dem Manager, der sich in gewissem Maße unersetzlich macht. Offensichtlich hat er seine Arbeit nicht gut gemacht.

Sicherlich gibt es Menschen, die sich von den anderen unterscheiden, die ein besseres Gespür haben, die von Natur aus innovativ sind, die den Anderen Stabilität geben, auch wenn sie in Turbulenzen leben. Klar, dass man sie vermisst, wenn sie gehen, aber manchmal – seien wir ehrlich – ist es das Unternehmen selbst, das sie unersetzlich macht, indem es in chaotischen Organisationsmodellen, die genau von einer irrationalen und zufälligen Logik und von absurden und ungeregelten Einsparungen diktiert werden, nicht die richtigen Hinterlassenschaften schafft. Das ist in großen wie in kleinen Familienbetrieben, in multinationalen wie in sehr kleinen Unternehmen aller Branchen der Fall, aber auch in öffentlichen Ämtern, Parteien, Verbänden, also überall dort, wo es in gewissem Maße Hierarchien und Gruppen von Menschen gibt. Was fehlt, ist eine strategische Zukunftsvision, langfristiges Denken, eine externe Sichtweise, und die Lösung besteht nicht immer darin, externe Berater zu engagieren, die sich manchmal nur schön einrichten (viele Berater werden letztendlich fix eingestellt: Wie groß ist der Wunsch nach Stabilität!). Es mangelt an dem, was manche als „Ersatztafeln" bezeichnen, ein hässlicher und zweifellos respektloser Ausdruck. Jemand in einer Personalabteilung muss ihn wohl, ohne viel zu denken erfunden haben, mit einer verzerrten Interpretation der Realität, wo die Menschen nur Zahlen sind! Ersetzen bedeutet, dass man das, was man nicht mehr braucht, wegwirft. Einen alten Lappen wird ersetzt, da er nicht mehr richtig trocknet, weil er veraltet und unbrauchbar ist. In Wirklichkeit ist das Konzept dessen, was man respektvoller als „Staffelprospekt" bezeichnen sollte, ganz anders, viel menschlicher und natürlicher, als es manchem erscheinen mag, der gewohnt ist, nur an den Wettbewerb zwischen Managern und Führungskräften zu denken und nicht an Zusammenarbeit und Geschäftskontinuität. Es sollte eine Art Staffel sein, wie bei den Olympiaden, wo der erste Athlet den darauffolgenden den Stab übergeben kann. Wie auch immer man sie nennen will, es fehlen nicht selten diese Kontinuitätstabellen. Daher das Aufkommen und die häufige Verbreitung von „Ad Interim" Stellen, d. h. die Besetzung mehrerer Positionen durch einen einzigen Chef, und dies, ohne die Organisation zu verändern, geschweige denn, sie von unten zu verstärken, was sie schwächer, weniger besetzt und nicht unbedingt kostengünstiger macht (lass uns darüber nachdenken).

Unter dem Vorwand, Einsparungen zu erzielen, wird so aus zwei Managern oder zwei Führungskräften oft nur einer eingestellt. Und nicht selten auch aus zwei Angestellten oder zwei Arbeitern, denn die Logik des Sparens tobt und untergräbt die Stabilität und Kontinuität von Organisationen. Ad Interims können dann zu Verschmelzungen mehrerer Strukturen werden, so als ob man sagen wollte, dass zwei Leute vorher zu viel waren und man auch mit einem Chef auskommen kann. Es kommt dann vor, dass der „Chef nicht da ist", dass er in einem anderen Büro sitzt, in seinem zweiten Büro, womöglich auch geografisch weit entfernt, d. h. er hat seinen zweiten Hut auf, wie man sagt (oder manchmal sogar seinen dritten). Dies führt dann auch dazu, dass man nicht in der Lage ist, Situationen im richtigen Zeitrahmen zu bewältigen, die eine größere Präsenz, eine größere zeitliche Verfügbarkeit erfordern würden, aber die Zeit ist natürlich nicht elastisch.

Manchmal ist es auch schwierig, bestimmte Organisationszellen zu besetzen, weil es an Bewerbern mangelt, oft in unbequemen Gebieten, im Falle von Großunternehmen, oder in Rollen, die nicht einfach sind, durchdrungen von großer Verantwortung, die nicht jeder übernehmen will. Es ist besser, eine brillante Rolle in einem Job zu haben, der auch nicht sehr messbar ist, als eine Rolle voller Implikationen, vielleicht sogar strafrechtlicher Natur oder auf jeden Fall mit hohem Risiko.

In anderen Fällen hingegen, ist die Stelle begehrt und das Hindernis für einen reibungslosen Wechsel ist stattdessen das Ergebnis von Machtkämpfen, von Machenschaften von Leuten, die alles tun, um sich selbst gut darzustellen, die ihre Zeit mehr damit verbringen, ihr Image aufzupolieren (oder das der Konkurrenten zu beschädigen), als für das

Wohl des Unternehmens zu arbeiten und sich durch eigene Anstrengungen zu bewähren. Hollywood versäumt es nicht, dies in brillanten Darstellungen zu zeigen. Ein anderes Mal aber ist es derjenige, der das Organisationskästchen besetzt, der den Schreibtisch nicht räumen will, obwohl die Zeit dafür reif wäre. Schließlich ist die Reife von Mensch zu Mensch und von einer Tätigkeit zur anderen unterschiedlich. Das macht es noch schwieriger, das Bild zu analysieren.

All dies ist die unvermeidliche Folge verschiedener Faktoren, zu denen einmal mehr die unzureichende Anwendung der Meritokratie, die verrückte Anhänglichkeit an den Sessel mancher Manager und die häufig fehlende gesunde Verwaltung der beruflichen Phasen der Führungskräfte angehört. Lass mich das erklären. Wenn die Besetzung der wichtigsten Positionen in unserer Gesellschaft im breiteren Sinne und in den einzelnen Unternehmen ausschließlich durch den anerkannten Wert von den Personen bestimmt würde, die mit Kriterien ermittelt werden, die größtenteils auf dem beruhen, was die Person auf ihrem persönlichen Entwicklungsweg bewiesen hat (ihre anerkannten beruflichen Fähigkeiten und die Ergebnisse, die sie vorweisen konnte), und wenn uns allen gleichermaßen klar wäre, dass der Beruf sich in einem natürlichen und logischen Zyklus bewegt, wo man über das Lernen zum Handeln und schließlich zum Lehren übergeht, und dies auch und vor allem für die höchsten Berufsbilder, dann würden die Stellungskriege und der Einsatz aller Mittel, um im Sessel tiefe Wurzeln zu schlagen, stark reduziert.

Immer wieder habe ich stattdessen erlebt und erlebe noch, dass Unternehmen in der Anfangsphase wenig in die Lehre investieren und schließlich aus Gründen, die ich nicht einmal ansatzweise erforschen möchte, plötzlich einen klaren Bruch in der Arbeitsbeziehung vollziehen. So werden aus den drei unterschiedlich langen, aber wichtigen Berufsphasen, die genau nach den vorherrschenden Inhalten lerne-handle-lehre heißen sollten, allzu oft handle-handle-handle und das war's.

Um auf das Konzept des „Ad Interim" der relevanten Managementpositionen zurückzukommen, müssen noch einige wichtige Aspekte hervorgehoben werden. Wie man sich denken kann, hat ein Unternehmen vielleicht nicht immer die Zeit oder die Möglichkeit, eine Führungspersönlichkeit zu ersetzen, da diese plötzlich fehlt. Es könnte leider vorkommen, dass eine Person aufgrund eines Arbeitsplatzwechsels oder einer Krankheit oder aus anderen Gründen plötzlich aus der Organisation verschwindet. Und in dieser Hinsicht gibt es keine besondere Verantwortung seitens derjenigen, die die Kontinuität der Aktivitäten gewährleisten müssen, d. h. die oberste Leitung mit den Personalfunktionen. Das kann immer passieren, und wenn man das rechtzeitig mit einem Verfahren angeht, das für Kontinuität nach dem unvermeidlichen Ad Interim sorgt, nulla Quaestio. Problematisch wird es hingegen, wenn nichts unternommen wird, um einen längst bekannten Ruhestand zu ersetzen. An diesem Punkt gibt es zwei Möglichkeiten: Entweder soll die Zelle im Organigramm nicht mehr besetzt werden, weil sie tatsächlich nicht mehr benötigt wird (aufgrund einer organisatorischen Veränderung oder vielleicht aufgrund einer Marktentwicklung), oder es liegt ein schuldhaftes Versäumnis vor, sie zu besetzen. Das heißt, etwas hat vielleicht nicht richtig funktioniert. Dies wiederum kann entweder daran liegen, dass die zuständigen Stellen nicht in der Lage sind, die notwendigen selektiven Maßnahmen zur Ermittlung der neuen Ressource zu ergreifen, oder – und das ist noch unverantwortlicher – sie haben bewusst auf die Besetzung der Zelle verzichtet, nur um Geld zu sparen, ohne eine konkrete Bewertung der Auswirkungen auf die Organisation oder auf eine eventuelle Fehlfunktion der gesamten Unternehmensmaschine vorzunehmen, was wiederum nicht nur jeglichen wirtschaftlichen Nutzen des eingesparten Gehalts zunichtemachen, sondern im schlimmsten Fall einen viel größeren wirtschaftlichen Schaden verursachen könnte. Hier liegt das Problem: Während der wirtschaftliche Nutzen leicht messbar ist (z. B. 100.000 € pro Jahr eingespart), hat der entstandene wirtschaftliche Schaden zeitlich verschobene und schwieriger zu beziffernde Auswirkungen (z. B. könnte er sich auf das Geschäft dieses Sektors mit schweren Verlusten in Millionenhöhe auswirken). Hinzu kommt, dass derjenige, der die Entscheidung trifft, bald den Arbeitsplatz oder das Unternehmen wechseln wird, was mehr oder weniger offensichtliche Auswirkungen seiner Entscheidung auf andere, die ihm folgen werden, zur Folge hat. Es kann auch sein, das sich das Unternehmen diesen Manager nicht mehr leisten kann: Kein gutes Zeichen des Geschäfts.

Aber die Folgen der Nichtabdeckung wichtiger Organisationszellen treffen natürlich auch die anderen Manager oder Kader, die ein Arbeitsvolumen auf ihre Schulter nehmen müssen, was manchmal nicht tragbar ist. Es kann dann schwierig werden, ein persönliches Leben von minimaler Qualität zu führen, oder die Zufriedenheit in der eigenen Arbeit zu finden. Das kann so weit gehen, dass man ohnehin den Antrieb und die Liebe zu der eigenen Arbeit (wieder die Motivation) verliert. Die Person könnte darauf reagieren, indem sie sich immer mehr entfremdet, ihre Handlungen auf das zum Überleben unbedingt Notwendige beschränkt und sich in diesem Sinne an die Situation anpasst, oder schlimmer noch, sie könnte schließlich beschließen, das Unternehmen zu verlassen und andere Möglichkeiten zu ergreifen. Beides ist für das Unternehmen nicht wünschenswert, das über Führungskräfte und Kader verfügen muss, die nicht nur in der Lage sind, Ergebnisse zu erzielen (das „Handeln"), sondern auch genügend Raum für das „Denken" haben müssen, d. h. für jene Gelassenheit, die den Nährboden für neue Ideen bildet, wie bereits ausführlich geschildert. All dies hat jedoch auch andere Auswirkungen. Der überlastete Manager ist nicht mehr in der Lage, eine Reihe von Aufgaben zu bewältigen, die eher relationaler und menschlicher Natur sind, um seine Ressourcen richtig zu steuern. Er ist vielleicht nicht nur weniger präsent, sondern auch schroff und abweisend, weil er so viel zu tun hat. Im schlimmsten Fall könnte sein Einfühlungsvermögen gegenüber seinem Team verschwinden und eine ganze Reihe von Verständnissen und Komplizenschaft, die für die „gemeinsame“ und nicht nur „gleichzeitige“ Arbeit notwendig sind, könnten verloren gehen. Es wird deutlich, dass auch Mitarbeiter knapp unterhalb der „überlasteten“ Hierarchiestufe den Kontakt verlieren, sich nicht unterstützt fühlen und die Motivation verlieren können.

All dies könnte sich natürlich auf das Endergebnis des Unternehmens auswirken, und das Fehlen eines ständigen direkten Kontakts zwischen den beteiligten Personen würde sich unweigerlich bemerkbar machen. Es stimmt, dass es kein ständiger Kontakt sein muss, und die Technologien werden uns vielleicht zunehmend helfen, gewinnbringend verbunden zu sein, wenn auch mit klaren Regeln. Es stimmt auch, dass Einfühlungsvermögen und Teamarbeit nicht immer direkt proportional zur Kontaktzeit sind. Viele andere Faktoren spielen eine Rolle. Aber es ist unbestreitbar, dass das Spielzeug auf Dauer kaputt gehen kann, wenn der Arbeitnehmer auf die Frage „Ist der Chef da?“ immer die Antwort „Jetzt nicht, kommt morgen wieder, vielleicht“ erhält. Unternehmen, das darf man nicht vergessen, und ich werde nicht müde, dies zu betonen, werden von den Männern und Frauen gemacht, die darin arbeiten, und das Bedürfnis nach Geselligkeit und Komplizenschaft ist und bleibt in jeder Art von Organisation eine Quelle der Inspiration, Motivation und persönlichen Zufriedenheit und damit die Wurzel des unternehmerischen Erfolgs.

15

Parität des Geistes

In diesem Kapitel kehre ich zu Akio Morita, einem Gründer des japanischen Elektronikkonzerns Sony, zurück. Er ist vor allem für einen Satz bekannt, der sich auf die Frage der Wettbewerbsfähigkeit auf dem Markt bezieht: „Wir müssen versuchen, unsere Produkte veralten zu lassen, bevor es andere tun" (Wired-Artikel mit dem Titel „The Americanization of Sony" vom 1. Juni 1994). Es handelt sich um ein viel diskutiertes Thema, nämlich um die Notwendigkeit für Unternehmen, sich nicht auf ihren Lorbeeren auszuruhen, sondern weiter in Innovation zu investieren, da der „Feind" nicht ruht und die Produkte schnell und unaufhaltsam veralten, was den Markt einem greifbaren und konkreten Risiko aussetzt. Schließlich liegt Sony, das zweifellos als „Apple der 70er-und 80er-Jahre" bezeichnet werden kann, heute (Stand 2019) laut Fortune weltweit auf Platz 116, was den Umsatz betrifft. Es ist also seit über 70 Jahren erfolgreich auf dem Markt. Wahrlich bemerkenswert. Viele innovative Produkte wurden von Sony entworfen und

R. Hopfinger, *Managen auf Südtirolerisch*,
https://doi.org/10.1007/978-3-658-50843-2_15

vermarktet, von denen das Walkman sicherlich das Bedeutendste ist, eine echte Revolution, die heute weitgehend überholt ist, aber für meine Generation zweifellos legendär ist. Tragbare Musik und das ohne Internet und ohne Festplatte!

Weniger bekannt ist jedoch eine andere Annahme des vor über zwanzig Jahren verstorbenen Morita, die viel stärker auf das Zeitalter, in dem wir leben ausgerichtet ist, das viele als „postindustriell" bezeichnen, und in dem die Arbeit zunehmend durch den Einsatz des Intellekts und weniger durch körperliche Geschicklichkeit gekennzeichnet ist. Das Produkt oder die Dienstleistung werden im Kopf geboren, aber sie werden zunehmend nicht nur entworfen, sondern auch entwickelt und dann mit dem Kopf realisiert in einer Welt, die zunehmend immateriell und unabhängig vom Raum ist, in der die Hände nur noch sekundäre Werkzeuge sind und stattdessen das Gehirn zum Pflug wird, der die Furche zieht, Ideen umsetzt, die dann zum Beispiel in einfachen Apps explizit gemacht werden, die sehr wenig physische Substanz haben, aber nicht selten unsere Art zu arbeiten und zu leben revolutionieren.

Moritas Prämisse lautet: „Ich kann einen Arbeiter anweisen, um sieben Uhr zu erscheinen und zu produzieren. Ich kann einem Forscher nicht sagen, dass er um sieben Uhr auftauchen und eine Idee haben soll." Und was benutzen wir heute, wenn nicht den Intellekt, wir alle, Junge und Alte, Frauen und Männer, Italiener, Deutsche, Japaner oder Amerikaner. Was ist der Intellekt, wenn nicht die menschliche Fähigkeit, Dinge zu verstehen, Ideen zu konzipieren, sie zu überdenken, zu überarbeiten, zu kreieren und eigene Urteile zu fällen.

Diese Rolle des Intellekts wird in der modernen Wirtschaft immer deutlicher. Industrie und Handwerk im traditionellen Sinne erwirtschaften in Italien weniger als 20 %

des BIP, zusammen mit dem Bausektor etwas mehr als 23 %, während die Landwirtschaft (mit Viehzucht, Fischerei, Bergbau) sogar nur etwas mehr als 2 % des Ganzen erwirtschaftet und uns alle mit Lebensmittel versorgt. Auf Handel, Tourismus, Verkehr und Kommunikation entfallen dagegen 25 %, d. h. etwa ein Viertel des Kuchens, während Kredite, freiberufliche Dienstleistungen und Immobilien fast 28 % ausmachen, so die (im Übrigen veralteten) ISTAT-Daten. Es bleiben also reichlich 20 % für andere Aktivitäten. Der fortgeschrittene tertiäre Sektor ist zweifelsohne der Bedeutendste. Dabei handelt es sich um immer weniger materielle Dienstleistungen. Die Arbeit ist also auch dank einer intensiven Alphabetisierungs- und Berufsbildungsarbeit gestiegen, die dazu geführt hat, dass der Fischer oder Bauer von vor 100 Jahren, der in der Sonne und im Regen arbeitete, heute in einem klimatisierten Büro sitzend Amortisationspläne für einen Kredit für ein Start-up-Unternehmen zur Wiederverwertung von Apfelschalen als Kunststoffmaterial erstellt. Kurz gesagt, die Welt verändert sich ständig und die geistige Arbeit schreitet voran. Moritas Annahme, die zu der Zeit, als die Materialität der Industrie noch vorherrschend war, vielleicht eine Nische darstellte, ist heute zunehmend eine Massenangelegenheit.

Dieser immer schnellere Wandel unserer Gesellschaft weist bei allen Unterschieden zwischen den Kontinenten, den Ländern und den Regionen auf eine zunehmende kulturelle Globalisierung hin. Die Unterschiede werden geringer, auch wenn sie heute noch stark sind und Reibungen verursachen, die mit der Zeit unaufhaltsam verschwinden werden. In hundert Jahren wird die Welt nicht mehr auf Unterschiede zwischen den Geschlechtern, der Sprache, der Religion, der Hautfarbe, dem Alter und anderen Unterschieden achten, wie wir es heute noch tun. Es ist noch ein langer und gewiss schwieriger Weg, störend für manche und vielleicht sogar noch Anlass für Massenbewegungen, soziale Unruhen und Intoleranz, aber es ist ein unvermeidlicher und logischer Weg. Der Abbau von Diskriminierungen, die meist auf äußere Faktoren wie Ethnizität/Herkunft oder sogar Sprache beruhen, ist sicherlich ein Zeichen für positiven Fortschritt. Es geht darum, jedem eine Chance zu geben, ohne Vorurteile. So ist es beispielsweise falsch zu glauben, dass der junge Mann aufgrund seiner Unerfahrenheit, die nur mit der Zeit „geheilt" werden kann, nicht in der Lage ist, komplexe Szenarien zu verstehen und richtige Entscheidungen zu treffen. Ich habe sogar erlebt, dass junge Menschen ein höheres Erfahrungsniveau und Verstand haben, als einige der „großen alten Männer". Aber warum ist das so? Es ist ganz einfach: Der eigentliche Unterschied zwischen den Menschen ist der Intellekt selbst, d. h. die mehr oder weniger ausgeprägte Fähigkeit, komplexe Systeme zu erfassen, Zusammenhänge zu sehen und zu verstehen oder überhaupt die Fähigkeit, Ideen zu formulieren und Urteile zu fällen. Dies ist unabhängig von ästhetischen Faktoren. Es gibt keine anderen Unterschiede als die, die von den Grenzen des Intellekts diktiert werden, und der gleiche Intellekt, sollte Anspruch auf gleiche Chancen haben und sich nicht einfach instrumentalisieren lassen. William Lawrence Bragg war 1915 mit nur 25 Jahren der jüngste Träger des Nobelpreises für Physik. Vor 5 Jahren (2020) erhielten zwei Frauen, Emmanuelle Charpentier und Jennifer Doudna, ebenfalls den Nobelpreis für Chemie.

Es liegt also an uns, Unterschiede zu schätzen und nicht zu bestrafen. Und genau hier liegt die Bedeutung, kein einziges Stück der Unterschiede zu verlieren, die die Grundlage für unser Zusammenleben bilden. Dies sogar in einem immer größer werdenden Amalgam oder Gemisch. Es ist kein Zufall, dass Italien die Wiege vieler Innovationen und Ideen ist. Meiner Meinung nach war es gerade diese stark verwurzelte Vielfalt, vor allem in unserem Land, das reich an Glockentürmen ist, diese Konfrontation von „Unterschieden“ von Region zu Region, die ausschlaggebend waren, aber auch die tägliche Konfrontation mit unserer erstickenden Bürokratie (man sprach schon im Königreich Neapel und im Königreich Savoyen von einem echten Übel schlechter Verwaltung). Die Schwierigkeit, bestimmte Regeln und eine Ordnung der Gesellschaft zu geben, die sehr unterschiedliche Traditionen überwinden konnten, ergaben jenes Bild der Unsicherheit und der phantasievollen Reaktion, das gerade aus Unterschieden geboren wird. Es sind die unterschiedlichen Sichtweisen, welche die Innovation ermöglichen. Es sind die unterschiedlichen Hintergründe und Voraussetzungen, die zu Lösungen für komplexe Probleme führen. Es sind gerade die Unterschiede, die den Unterschied ausmachen. Aber sind wir sicher, dass es somatische Merkmale, das Geschlecht oder das Alter sind, oder vielleicht die Denkweise, die Reaktion? Anders zu sein ist nicht selten anstrengend. Die einzige Frau in einer Gruppe zu sein, homosexuell zu sein, zu jung zu sein, eine andere Ethnizität als die Mehrheit zu haben oder einer sprachlichen Minderheit anzugehören, ist oft anstrengend, aber in Wirklichkeit kann gerade das Anderssein in einer Gruppe sehr belebend sein, vorausgesetzt, es gibt einen echten und ehrlichen Austausch zwischen den Menschen, eine Konfrontation ohne Vorurteile, eine Akzeptanz der Vielfalt. Und es geht nicht darum, künstliche Rosa-Quoten in Führungsgremien der Unternehmen einzuführen, wie es in vielen großen Industriekonzernen geschieht, oder ethnische Quoten bei den Arbeitsstellen zu vergeben, wie wir es in Südtirol in öffentlichen Ämtern tun. Dies können nur Übergangslösungen sein, die unter anderem zu Verzerrungen führen können. Diese sind vielleicht am Anfang eines Emanzipationsweges notwendig, wie in Südtirol zum

Schutz der deutschen Sprachgruppe in den 1970er-Jahren oder heute auf dem schwierigen Emanzipationsweg der Frauen, der längst begonnen hat und noch nicht abgeschlossen ist (eine Schildkrötenentwicklung). In Wirklichkeit sind die Unterschiede so zahlreich, dass nur das Durchbrechen der mentalen Mauer, die in manchen Köpfen noch existiert, uns endlich die Chance geben kann, sie zu schätzen. Die Vorurteile, die die Ziegel der Mauer darstellen, werden manchmal unbewusst aus Angst vor dem Unbekannten und manchmal künstlich eingesetzt, um Positionen zu verteidigen, die auf rationale Weise nicht mehr haltbar sind. Nur so können Schlagworte wie: „Hinter jedem großen Mann steht immer eine große Frau", die vielleicht jemand als Voremanzipation bezeichnet könnte, die aber in Wirklichkeit noch viel Sexismus zeigt, wirklich überwunden werden. Wir müssen sie überwinden, indem wir dem Intellekt die Bedeutung geben, die er haben muss. Vielleicht werden wir in Zukunft, wenn wir dank der Technologie und der Globalisierung zu einer immer stärkeren virtuellen Kommunikation übergehen und gezwungen sind, auf eine Art und Weise zu interagieren, die sich immer mehr von einer physischen Form löst, den Geist hinter der Verpackung begreifen und so in der Lage sein, der Größe des Intellekts unserer Gesprächspartner die nötige Wertschätzung entgegenzubringen, ohne uns von ästhetischen oder sprachlichen Unterschieden irreführen zu lassen. Wichtig ist, meiner Meinung nach, jedoch, dass man die Unterschiede nicht aus den Augen verliert, denn sie sind nicht selten eher ein Vorteil als ein Hindernis.

Und hier ist das Wort, das alles zusammenfasst, nämlich Inklusion. Dieses Wort wird heute missbraucht und ist nun in aller Munde. Das ISTAT, das italienische Institut der Statistik, schätzt, dass mehr als 20 % der italienischen Unternehmen „mindestens eine Maßnahme ergriffen haben, die nicht gesetzlich vorgeschrieben ist, um die Vielfalt unter den Arbeitnehmern in Bezug auf Geschlecht, Alter, Staatsbürgerschaft, Nationalität und/oder ethnische Zugehörigkeit, religiöse Überzeugungen oder Behinderung zu verwalten und zu fördern“. In den letzten Jahren hat sich auch die italienische Eisenbahn und andere große Unternehmen an diesem Thema versucht, aber selbst in unserer westlichen Kultur gibt es noch viel zu tun. Wir sollten jedoch anerkennen, dass sich in unserer Gesellschaft etwas bewegt und dass geschlechts- und altersbedingte Unterschiede zunehmend thematisiert werden. Italien hinkt jedoch hinterher, ist in sich selbst verschlossen und nicht bereit, Wege der Internationalisierung zu beschreiten und leidet nur unter der Einwanderung, anstatt sie positiv und bereichernd für die Gesellschaft zu gestalten.

Zusammenfassend ist die unumstößliche Wahrheit – meiner Meinung nach – wie folgt zusammengefasst. Die Menschen unterscheiden sich nicht durch Merkmale wie Ethnizität, Geschlecht oder Ähnliches voneinander. Die DNA der Menschen ist in der Tat größtenteils ein gemeinsames Erbe der Menschheit (von uns Homo Sapiens). Unsere Fähigkeiten unterscheiden sich auch nicht durch andere anagraphische, religiöse, sprachliche, ethnische oder weitere Merkmale. Den Unterschied machen andere, eher verborgene Faktoren aus, wie vor allem Ehrlichkeit und ein Sinn für Ethik, persönliche Fähigkeiten und Kompetenzen, alles Dinge, die zum Teil im genetischen Erbe des Einzelnen enthalten sein können, die aber in Wirklichkeit zum großen Teil das Ergebnis einerseits des Umfelds und sicherlich der Ausbildung sind, die wir erhalten, andererseits aber auch das Ergebnis der Möglichkeiten, die uns geboten werden. Was wirklich den Unterschied ausmacht, ist also weitgehend das, was wir lernen und lernen dürfen, was wir machen und machen dürfen. Darin liegt die Bedeutung der

Schulbildung, die vergessene Fächer wie Staatsbürgerkunde und Ethik, aber auch die Möglichkeit, sich mit verschiedenen Gegenständen, Erfahrungen und Menschen auseinanderzusetzen, damit jeder seinen eigenen Weg finden kann, den geeignetsten und natürlichsten, und auch die richtigen Anreize. Es scheint klar zu sein, dass dies mit einem gewissen Idealismus verbunden ist; ich bin halt ein Idealist und man braucht auch Idealisten und Denker. Aber die Schlussfolgerung des Gedankenganges besagt, dass unser Schulsystem, das familiäre Umfeld und das breitere soziale Umfeld uns selten genügend Anreize geben, um unsere Fähigkeiten zu entwickeln, nicht immer das richtige Maß an Neugierde und den gesunden Wunsch wecken, andere und neue Wege zu gehen. Dasselbe Umfeld gibt uns nicht die Möglichkeit, uns selbst auf die Probe zu stellen, und schließt uns aufgrund falscher kultureller Faktoren von bestimmten Entscheidungen aus, und dies oft auf der Grundlage einiger – weniger – oberflächlicher Merkmale, die nichts über unsere Persönlichkeit aussagen.

Es gibt also nur eine Gleichheit oder Parität anzustreben – die des Intellekts – zumindest im Idealfall, und wir müssen die oberflächigen Unterschiede vergessen. In der Zwischenzeit müssen vielleicht Korrekturen vorgenommen werden, bis ein Gleichgewicht gefunden wird, das für alle einen Anreiz und ein intellektuelles Wachstum bietet, auch wenn die Unterschiede, die mit der Kultur der verschiedenen Länder zusammenhängen, zumindest zum Teil bestehen bleiben. Nur so werden wir in der Lage sein, die bestmöglichen Führungspersönlichkeiten, „aufgeklärte" Führungspersönlichkeiten aus allen Bereichen des Lebens, die besten Lehrer, die besten Techniker, usw. einzubeziehen. Sie werden in der Lage sein, unsere Gesellschaft auf die höchste Stufe zu heben. Mit meinem unheilbaren Optimismus möchte ich dieses Kapitel abschließen, indem ich den

Pessimisten sage, dass sich im Mittelalter niemand vorstellen konnte, zum Mond oder zum Mars zu fliegen, wie es bald auch für nicht-Milliardäre möglich sein wird; und doch geschieht es, sodass es möglich ist, Barrieren zu überwinden und den Intellekt der ganzen Menschheit zu steigern. Auch dies ist Meritokratie. Und in dieser Entwicklung sollen auch nicht die Schwachen, die weniger oder anders Begabten vergessen werden. Auch das ist Inklusion. Ich habe bereits heute ein heterogenes Team von Menschen mit verschiedenen Erfahrungen, Herkunftsorte, Kompetenzen, und mein Traum ist meine Gruppe noch heterogener zu gestalten, weil dies ein Pluspunkt ist und kein Hindernis zum Erfolg jedes Unternehmens. Ich hoffe auch bald mein Low Price Ticket zum Mond bei TUI kaufen zu können. Wer weiß was wir auf den Mond finden können: Etwa radioaktiven Abfall? Oder etwa neue Perspektiven auf unseren geliebten Planeten Erde? Wer weiß.

16

Verantwortung

Die Verantwortung, die auf den Schultern von Managern lastet, und die Konsequenzen, die sich daraus in Strafsachen ergeben können, müssen ebenfalls ernsthaft bedacht werden. Ist der Manager heute in der Lage, seine Aufgaben in vollem Umfang und mit Gelassenheit zu erfüllen? Kann er vernünftigerweise für Fehler in unzähligen Bereichen wie Arbeitssicherheit, Umweltschutz, Schutz der öffentlichen Gesundheit, korrekte Bilanzierung wirtschaftlicher Werte, Betriebssicherheit, korrektes Verhalten gegenüber Kunden oder Lieferanten, usw. verantwortlich gemacht werden? Ist er wirklich in der Lage, alles selbstständig zu tun, ohne über eine unbegrenzte Mitarbeiterzahl in seiner Organisationsstruktur und ohne über unendliche finanzielle Mittel zu verfügen, die aber heute fast notwendig sind, um alle Vorschriften und ihre Auslegungen, sowie die immer größere Aufmerksamkeit, welche die verschiedenen Institutionen der Gesellschaft widmen, zu erfüllen? Das scheint, wie gesagt, sehr schwierig zu sein! Ein Restrisiko bleibt immer vor-

R. Hopfinger, *Managen auf Südtirolerisch*,
https://doi.org/10.1007/978-3-658-50843-2_16

handen. Wir müssen zu Recht Produkte und Dienstleistungen mit einem Höchstmaß an betrieblicher Effizienz sowohl im Hinblick auf die Sicherheit als auch auf eine solide Wirtschaftsführung herstellen. Und wer kann schon sagen, dass es nicht richtig ist, von uns zu erwarten, dass wir stets bestrebt sein sollten, die eventuellen negativen Auswirkungen unserer Tätigkeit zu minimieren, damit niemand Schaden erleidet, und die offensichtliche Maximierung der Effizienz bei der Nutzung der Ressourcen zu erreichen, insbesondere wenn es sich um öffentliche Mittel handelt, aber nicht nur. Doch auf wie viele Menschen fällt diese Last?

Beginnen wir mit den Regeln. Italien, und daher Südtirol, ist, wie bereits erwähnt, eines der reichsten Länder in Bezug auf Vorschriften. Auch Deutschland, Österreich oder die Schweiz sind aber keine heilen Länder, so wie auch das übrige Europa. Wir haben hierzulande Gesetze aus der Monarchie, dem Faschismus und der ersten und zweiten Republik, die sich täglich summieren und vermehren. Während in Italien die Zahl der nationalen Gesetze (aber dazu kommen noch regionale und lokale Vorschriften) 100.000 übersteigt, gibt es in den übrigen Ländern der Europäischen Union im Durchschnitt 3, 4 oder 5000 Gesetze, oder in dieser Höhe. Dies ist das erste Problem. Kann ein Staat, der sich vieler seiner Aufgaben entledigt hat, oder zu entledigen versucht, indem er sie einfach auf die Schultern von den Unternehmen und den Bürgern oder mehr oder weniger externen Einrichtungen gelegt hat, und der immer noch nicht im Geringsten auf eine Vereinfachung des staatlichen Regulierungs- und bürokratisch-administrativen Apparats ausgerichtet zu sein scheint, von den gleichen Unternehmen und Bürgern Respekt vor einem übermäßig langatmigen Gesetzeswerk verlangen? Ich glaube ohne Schamgefühle schwierig. Doch leider sieht die Realität anders aus. Wir werden wiederholt für Dinge zur Rechenschaft gezogen, die nach meiner Ansicht weit von den wirklich wichtigen Prinzipien entfernt sind und manchmal so irrelevant und kostspielig in ihren Folgen sind, dass man sich wirklich fragt, ob es noch einen Funken Pragmatismus gibt (und das vor allem südlich aber immer öfter auch nördlich der Alpen). Südtirol ist noch südlich der Alpen und leidet daher unter den enormen Normensystem. Doch dies zu ändern, scheint in der Tat eine gigantische Aufgabe zu sein. Wir müssen es aber tun, um nicht zu implodieren!

Jeder von uns Managern sollte darüber nachdenken, selbst zu handeln, und einen Weg finden, wie das Unternehmen, uns helfen kann, diese Sackgasse zu überwinden. Wie sie uns angesichts einer schwierigen Herausforderung schützen kann und muss, nämlich bei der Übernahme von Verantwortung, die oft über die Vernunft hinausgeht, zugunsten der Gemeinschaft, des Kunden, des Allgemeinwohles. Nun, die Unternehmen reagieren doch auf die Komplexität und schreiben ihre internen Vorschriften. Es ist schwierig, etwas zu finden, das nicht definiert ist, und vor allem ist es schwierig, etwas zu finden, das nicht eindeutig einer oder mehreren Unternehmensfunktionen, den verschiedenen Arbeitgebern, den Betriebsleitern, den Sicherheitskoordinatoren usw. zugewiesen ist.

Eine interne Vorschrift oder eine Prozedur zu schreiben ist schließlich genauso einfach wie eine Vollmacht zu verfassen, genauso einfach wie die Änderung des Tätigkeits- und Verantwortungsbereichs eines Managers durch Modifizierung einzelner Aufgaben zu verfassen. Es sind nur ein paar Seiten, die schnell geschrieben werden können, auch nur vom Gesetz kopiert, die aber Verantwortungsbereiche ändern. Andererseits muss sich ein Unternehmen schützen, und das zu Recht. Vollmachten, Aufgabenzuweisungen, unternehmensinterne Regelungen usw. weisen alle in diese Richtung. All dies wird von Rechtsexperten geregelt, die sich jedoch im Laufe der Zeit immer mehr auf den höchsten Ebenen konzentriert haben, sodass dezentralisierte Betriebsbereiche vor allem in großen Unternehmen von Experten entleert wurden. Das ist wegen der Menge von Gesetzen wahrscheinlich unvermeidlich. Das Gleiche gilt für die HR-Funktionen, die nach und nach zentralisiert werden, sowohl was die verfügbaren Ressourcen als auch was die Entscheidungen über die Organisation betrifft. Und dazu braucht man oft auch noch externe Berater.

Genau hier liegt der größte Zweifel: Wer die Verantwortung auf seinen Schultern trägt, hat in vielen Fällen keine wirkliche Kontrolle. Es ist notwendig, die Regelwerke unserer Gesellschaft und die Struktur unserer Unternehmen zu ändern, die heute übermäßig zentralisiert sind, sowohl was die Entscheidungen als auch was die Zuständigkeiten betrifft (und das gilt auch für die Gewerkschaften und für die Politik). Dies ist wahrscheinlich auf die ständige Suche nach einer kritischen Masse zurückzuführen, um die zunehmende Komplexität bewältigen zu können. Wir müssen deshalb vereinfachen, Bürokratie abbauen und so zur Dezentralisierung zurückkehren, unsere Professionalität verbessern und den verschiedenen Strukturen die Fähigkeiten zurückgeben, die heute für unseren Schutz, für den Schutz derjenigen, die Verantwortung übernehmen, unerlässlich sind.

Und es reicht leider nicht aus, das Bewusstsein aller für wichtige Themen zu schärfen, wenn dann jeder in seine eigenen entkräfteten Strukturen zurückkehrt, ohne die Möglichkeit zu haben, das regulatorische und bürokratische Moloch richtig in seiner Gesamtheit zu kennen und verwalten.

Bei sensiblen Themen wie Sicherheit, Umwelt, Steuerrecht und mehr, reicht es nicht aus, andauernd Normen und Verfahren einzuführen, um sich selbst als Gesetzgeber davon zu überzeugen, dass man alles getan hat, was machbar ist. Leider lässt die Welt um uns herum dies nicht mehr zu. Der Schein bringt keine Substanz.

Deshalb ist es notwendig, in den richtigen Gremien nachdrücklich eine Vereinfachung der Vorschriften und, wie ich bereits sagte, eine andere Rolle für die Institutionen zu fordern, die auch beratend und nicht nur repressiv sein kann, um das System als Ganzes besser zu unterstützen. Das sind wir unseren Mitarbeitern schuldig, denn wenn man Risiken eingeht, muss man angemessen unterstützt und geschützt werden. Das sind wir auch unserer Gesellschaft schuldig, die sonst Gefahr läuft, dass es immer weniger Menschen gibt, die bereit sind, ihr eigenes Leben zum Wohle der Gemeinschaft zu riskieren. Und dieses Phänomen hat bereits begonnen.

Es ist daher richtig, konkrete Maßnahmen gegen die Gefahren zu ergreifen, und zwar zum Schutz unserer Kategorie und warum nicht, um mehr positive Gelassenheit in unserer täglichen Arbeit zu erlangen. Kurz gesagt, wir müssen wieder das richtige Gleichgewicht finden zwischen unseren Verantwortlichkeiten und unseren Hebeln. Wir müssen die Gesellschaft auf eine neue Bindung zwischen der Wirtschaft und dem Staat ausrichten. Dies ist notwendig, um unserer Professionalität mehr Handlungsspielraum und Vertrauen zu geben, vor allem aber, um unserer Gesellschaft die Chance zu geben, wieder wettbewerbsfähig zu sein. Europa gibt bereits Zeichen hinterherzuhinken.

Dies, um nicht noch an Boden gegenüber dem Rest der Welt zu verlieren und um uns ein neues Entwicklungspotenzial und einen neuen Impuls zu geben. Die Risiken und die Last, denen wir heute in dieser Welt ausgesetzt sind, können nicht von einigen wenigen getragen werden, die bereit sind zu kämpfen.

Außerdem muss die Selbstreferenzialität bestimmter Kreise beseitigt und ein höheres Maß an Teamarbeit zwischen dem Wirtschaftsgefüge und den Institutionen wiederhergestellt werden.

Was ich immer den jüngeren Managern empfehle, sind natürlich auch Maßnahmen zum Schutz ihrer Familien zu treffen, vor allem Versicherungen abzuschließen, vielleicht eine Vermögensbindung zugunsten der Familie (damit die Familie nicht über Nacht ohne Dach überm Kopf dasteht, ist aber nicht in allen Ländern in gleicher Form vorgesehen und möglich) und vor allem unterstreiche ich, nie die Risiken zu unterschätzen.

Die Verantwortung eines Managers, vor allem des Middle Managements, ist sehr hoch und das soll nie vergessen werden. Manager schlafen nicht immer ruhig.

17
Grenzen

Wir sprachen über Verantwortung und die daraus resultierenden Sorgen, die uns tagtäglich plagen. Wie kann man dann das Leben als Manager in Balance halten? Es ist schon schwierig heutzutage, einen „normalen“ Job mit viel weniger Verantwortung zu verkraften, aber wie kann man ein Minimum an Privatsphäre, an Gelassenheit und persönlichem Freiraum schaffen, während man gleichzeitig Geschäftsführer ist? Von einigen Ausnahmen abgesehen, verfügen die Angehörigen unseres Berufsstandes nicht über einen Schalter zum Umswitchen, mit dem sie ihr Privat- und Familienleben von ihrem Berufsleben trennen oder besser gesagt schützen können, und es fällt ihnen auch nicht leicht, in ihrem Kopf unüberwindbare Grenzen zu setzen. Wer, unter den erfahrenen Manager, war nicht schon einmal in den Urlaub am Strand, sonntags beim Skifahren oder unter der Woche beim „entspannten“ Joggen oder sogar beim Spaziergang mit der Familie und hat sich dabei ertappt, wie er E-Mails abruft, heimlich telefoniert, über diesen oder jenen Aspekt seiner Arbeit nachdenkt oder

R. Hopfinger, *Managen auf Südtirolerisch*,
https://doi.org/10.1007/978-3-658-50843-2_17

eine Idee für die Lösung eines Problems hat, das ihn schon seit einiger Zeit beschäftigt? Oder wem ist es noch nie passiert, dass er abends vor dem Einschlafen plötzlich daran denkt, dass er diesen Brief oder diese E-Mail schreiben, dieses Telefonat führen oder diese dringende Besprechung organisieren muss, die ihm in den tausend Wechselfällen des Arbeitstages entfallen war? Und schon suchen wir nach dem Telefon auf dem Nachttisch und notieren uns den Termin für den nächsten Tag, ein weiteres „TO DO" auf einer oft unendlichen Liste. Zudem kommt es vor, dass unser Sohn oder unsere Tochter oder unser Partner oder unsere Mutter uns im Laufe des Tages anruft, und selbst wenn wir nicht in einer Besprechung sind (was nicht selten der Fall ist), sind wir immer noch von tausend Arten von Arbeitsverpflichtungen eingeholt, und am Ende sagen wir, wenn es keine dringenden Notfälle gibt: „Lass uns heute Abend darüber reden, ich kann jetzt nicht". Kannst du das nachempfinden? Erscheint dir das wahrscheinlich? Ich glaube schon.

Es scheint klar zu sein, dass es schwierig ist, ein perfektes Gleichgewicht aufrechtzuerhalten, das uns die Kraft gibt, die verschiedenen Angelegenheiten des Lebens mit der gebotenen Sorgfalt und Hingabe zu verfolgen. Einerseits unsere Arbeit und andererseits unser Privatleben, beide häufig durch all die bürokratischen oder täglichen Aufgaben erschwert. Es ist schwierig einen persönlichen vitalen Raum zu bewahren, um unsere Energien zu regenerieren und vor allem unseren Geist auf andere, höhere, ich würde sagen spirituellere und sogar kreative Ebenen schweben zu lassen, was wiederum einen enormen Beitrag zu den anderen Lebensbereichen leisten könnten.

In der Tat gibt es mindestens drei Bereiche in unserem Leben, die verschiedene Räume einnehmen, manchmal in Disharmonie, oft in direktem Konflikt, aber alle drei vorhanden und notwendig:

- An erster Stelle – und dies auch in Bezug auf die dafür gebrauchte Zeit – steht die berufliche Sphäre. Diese ermöglicht uns, neben der Sicherung des Lebensunterhalts für uns selbst und unsere Familien, auch eine tiefe persönliche Befriedigung zu erfahren, die darin zum Ausdruck kommt, einen positiven Beitrag für das eigene Unternehmen und die Gesellschaft insgesamt leisten zu können. Die Arbeit ist, wenn auch in unterschiedlicher Intensität je nach Branche und Tätigkeit, der Ort, an dem der Manager seinen wahrscheinlich größten Beitrag zum Wachstum der Gesellschaft insgesamt leisten kann. Natürlich setzt dies einen gewissen Bürgersinn voraus, den nicht jeder besitzt, und so spreche ich hier nicht von den habsüchtigen Managern, denen es jedoch, nur um ihre eigenen wirtschaftlichen Interessen und ihren Sessel geht, die keine edleren Ziele verfolgen (leider gibt es so manche von ihnen und sie ruinieren die Kategorie). Ich spreche hingegen von Menschen in Führungspositionen, von seriösen und verantwortungsbewussten Menschen, d. h. von der Mehrheit der Führungskräfte, die ihr Unternehmen wie eine zweite Großfamilie empfinden, in der sie fleißig und gewinnbringend daran arbeiten, das, was uns umgibt, zu eigener Zufriedenheit und zur Zufriedenheit anderer zu verbessern. Erstere sind in der Tat die Heuschrecken-Manager, die Zikaden, letztere die Baumeister-Manager, die Ameisen des Managements. Für Letztere schreibe ich.

- Zweitens, in einem kleineren Kreis, finden wir die familiäre Sphäre, die leider von manchen Menschen wegen der Arbeit ganz oder teilweise aufgegeben wird. Es ist diese Sphäre, die uns aber ermöglicht, uns durch ein Leben als Paar und/oder als Eltern, zu verwirklichen, wenn wir es wünschen, was mindestens so wichtig ist wie unsere berufliche Sphäre, auch für die Gesellschaft, aber vor allem für uns selbst. Sich im eigenen familiären Umfeld verantwortungsvoll, liebevoll und respektvoll zu verhalten und in der Lage zu sein, sich um seine Lieben zu kümmern, ihnen die eigenen Werte zu vermitteln und gleichzeitig in ihnen einen Ort zu finden, an dem man sich wohl und geborgen fühlen kann, ist in der Tat von grundlegender Bedeutung für die Aufrechterhaltung eines stabilen psychophysischen Gleichgewichts und einer inneren Stärke, die für ein erfülltes Leben notwendig ist. Auch in diesem Bereich muss man, wie im Unternehmen, in der Lage sein, eine „Gewinnmaximierung" anzustreben, d. h. sich in der Familie deutlich bemerkbar zu machen, für die anderen Familienmitglieder und sich selbst Befriedigung zu ernten, sich gut zu fühlen und anderen ein gutes Gefühl zu geben.

- Schließlich finden wir in dem engeren Kreis, der sich nur um uns selbst dreht, die dritte Sphäre. Es ist die persönliche Sphäre, die es ermöglicht den anderen beiden Sphären zu existieren, denn nur wenn wir uns dieser widmen, können wir die notwendige und ausreichende Energie regenerieren, um immer aktiv und bereit zu sein, unseren wirksamen Beitrag den beiden weiteren Sphären zu leisten. Häufig kümmern wir uns nicht oder zu wenig um diesen Bereich, weil wir glauben, dass er mit dem Rest zusammenhängt, aber das ist nicht der Fall, und in Wirklichkeit enthält diese Sphäre die Bedeutung des Ganzen und muss verantwortungsvoll gepflegt werden. Ich werde später auf diesen Aspekt zurückkommen.

Drei Sphären also, die uns umhüllen, die sich vom persönlichen Selbst über die breitere, aber noch enge Sphäre unserer Familie bis hin zur breiteren Sphäre unserer Unternehmen und, falls wir welche haben, unserer Interessen in der breiteren Gesellschaft erstrecken. Drei Sphären, die untrennbar miteinander verbunden sind, auch wenn wir es selten so sehen, und die manchmal in einem Kampf miteinander zu stehen scheinen, einem Kampf um die Eroberung der Zeit, in Stunden-, Minuten- und Sekundenschritten. In Wirklichkeit handelt es sich um drei Bereiche, die in einem geschickten Gleichgewicht gepflegt und verwaltet werden müssen, das schwer aufrechtzuerhalten ist und sich im Laufe der Zeit ändert.

Aber wie schafft man es, in einer typischen Managerwoche ein sinnvolles und mögliches Gleichgewicht zu finden?

Wir sind im Allgemeinen daran gewöhnt zu denken, dass die Generationen vor uns mehr gearbeitet haben als wir, aber in Wirklichkeit ist das nicht unbedingt der Fall. Es stimmt: Die Kämpfe der Arbeitnehmer oft durch die Gewerkschaften haben im Laufe der Zeit nach der Industrialisierung zu einer allmählichen Verringerung der wöchentlichen zu arbeitenden Stundenzahl geführt, wodurch die kontinuierliche Steigerung der Arbeitsproduktivität gewissermaßen kompensiert wurde. Der technologische Fortschritt und die Umstrukturierung der Arbeit haben daher schrittweise zu einer Verringerung der Arbeitszeit geführt, zunächst auf 10 h pro Tag oder 60 h pro Woche, dann auf 48 h pro Woche oder 8 h pro Tag einschließlich der Samstage und schließlich auf 40 h pro Woche mit freien Samstagen und Sonntage (natürlich nicht für alle). Heute gibt es Verträge, die 36 h oder ähnlich lang sind. Schließlich scheint es natürlich, richtig und vernünftig zu sein: Angesichts des technischen Fortschritts muss der Mensch für gleichen Lohn Raum für sich zurückgewinnen. Ob dies passiert ist oder nicht könnte man noch lange und vor allem sehr lebhaft und kritisch diskutieren. Das überlassen wir einer vielleicht späteren Publikation. Dieser Fortschritt gilt jedoch offensichtlich nicht für den Unternehmensleiter (und auch nicht für andere Kategorien oder für prekäre Arbeiter). Sogenannte Manager sehen meistens keine Grenzen für ihre Arbeitszeit, und das gilt besonders für Italien, in dem entgegen der läufigen Meinung mehr gearbeitet wird als in vielen anderen Ländern. Wenn man dann noch bedenkt, dass, wie bereits erwähnt, die Technologien die Grenzen zwischen Arbeit, Familie und Erholungszeit verwischen, kann man verstehen, wie die Situation außer Kontrolle geraten kann.

Dies ist also die erste Wahrheit, der wir uns stellen müssen, um das Gleichgewicht in den drei Sphären wiederherzustellen. Wir arbeiten in den meisten Fällen zu viel, und das geht zu Lasten von uns, unserer Gesundheit, unserer Familie und – wohlgemerkt – auch von unserem Arbeitgeber. Während es jedem klar ist, dass zu viel Arbeit dazu führt, dass man sowohl die Familie als auch die persönliche Sphäre vernachlässigt, ist es weniger offensichtlich, dass sie auch dazu führt, dass man die eigene berufliche Tätigkeit in Bezug auf Effizienz und Ergebnisse reduziert. Der Grund dafür liegt in der verminderten Energie, die wir haben, und in der verminderten geistigen Frische aufgrund der fehlenden Erneuerung des Geistes. Manchmal werden wir nicht alt, aber wir vertrocknen aufgrund des Lebens, das wir führen. Und dies betrifft heutzutage nicht nur die Manager, das möchte ich unbedingt klarstellen.

Es lohnt sich, auf diesen Aspekt näher einzugehen. Wir alle kennen das Energiesymbol auf unserem Handy. Wenn es vollständig grün oder weiß ist, ist die Batterie geladen, aber mit dem Fortschreiten des schwarzen Teils wird die Energie reduziert, bis die verbleibende Energie im Allgemeinen rot wird, d. h. wir sind „in Reserve". Wir Menschen arbeiten auch nicht so unterschiedlich. Wenn wir es nicht schaffen, uns zu bewegen oder uns eine kongruente Zeit für unsere körperliche und geistige Regeneration zu gönnen, uns zu den richtigen Zeiten natürlich und gesund zu ernähren und einen kongruenten „Ruhe-" und vor allem „Denk"-Raum zwischen einer Aktivität und der nächsten zu haben, werden wir nicht in der Lage sein, den Impuls zu finden, unsere ganze körperliche und geistige Kraft in Familie und Unternehmen zu stecken. Dann werden, wie bei Batterien, auf lange Sicht die einzelnen Bioladezellen nach und nach verfallen und die volle 100 % Energieladung der kommenden Jahre werden nicht mehr den 100 % Energieladungen eines Jahrzehnts zuvor entsprechen. Wir werden wahrscheinlich nicht einmal in der Lage sein, unsere biologische Batterie auf mehr als 80 % oder 70 % aufzuladen, was in der Praxis ein schnelles Aufladen bedeutet, und wir werden im Wesentlichen eine Krankenversicherung benötigen, um die Probleme dieser geringen „Ladung" zu bewältigen. Es ist besser, wenn man sich regelmäßig mit der richtigen Menge positiver Energie aufladen kann und nicht krank werden muss und dann Medikamente einnehmen, oder?

So weit, so gut, denke ich. Aber es gibt noch mehr. Es kommt vor, dass eine Führungskraft ins Abseits gestellt wird, weil sie der Aufgabe nicht mehr gewachsen ist. Ohne auf die unzähligen Fälle von „torpedierten" Managern eingehen zu wollen, die man von Zeit zu Zeit vor allem in größeren Unternehmen vorfinden kann, bin ich mir sicher, dass einer der Gründe, die Unternehmen dazu veranlassen, sich eines Managers zu entledigen, gerade das intellektuelle Verkümmern aufgrund des fehlenden Gleichgewichts zwischen den verschiedenen Sphären ist (sicher gibt es auch andere Gründe). Dies kann natürlich gerade in dem Verhalten des Unternehmens herrühren, das ein Gleichgewicht unmöglich macht. Oder es kann die falsche Einstellung des Managers sein, die ihn kaputtmacht. Das Gleiche gilt auch für den familiären Bereich. Auch hier kann es zu einem „Rausschmiss" kommen, zu einer roten Karte des Partners oder zu unüberbrückbaren Konflikten mit den Kindern für den Manager, der ständig am Arbeiten ist, den Workaholic, könnte man sagen. Auch hier mangelt es an Ausgewogenheit und es besteht die Gefahr, dass man verdrängt wird.

Und hier muss und will ich auf die dritte Sphäre zurückkommen. Der dritte Bereich wird im Allgemeinen am meisten vernachlässigt. Dein Arbeitgeber, das Unternehmen, das deinen Lohn zahlt, hat in der Tat verschiedene Möglichkeiten, dir das Gefühl zu geben, dass du untauglich bist, und dich dazu zu drängen, dich zu entschließen, aus dem Weg zu gehen, zu kündigen. Ebenfalls dein Partner kann dich um die Scheidung bitten, oder dich in jedem Fall de facto oder de jure von dir trennen. Aber die dritte Sphäre, die persönliche, wird niemals Druck auf dich ausüben, sie wird schweigen, nichts fragen oder sagen, sondern immer wieder selbst indirekt das Ende der beiden anderen Sphären beschließen. Denn wenn man sich selbst vernachlässigt, sei es körperlich, sei es geistig, verliert man Glanz, Klarheit, Frische, Sinn für Neues, Leichtigkeit des Denkens, und es geht einem schlecht bei der Arbeit und in der Familie. Man erkrankt. Hier sollte jeder also mindestens vier oder fünf Stunden pro Woche oder mehr aufwenden, um die Pflanze in sich zu kultivieren. Ich bin der festen Überzeugung, dass wir nicht wirklich alt werden und auch nicht einrosten, wenn die Jahre vergehen, sondern im Gegenteil, wir werden besser, wir reifen. Das Wichtigste ist, dass wir unsere Ideen kultivieren und den Körper effizient halten müssen. Es geht nicht um Eitelkeit oder etwas anderes, sondern darum, dass wir unsere Neugierde, unseren Geist und unseren Körper am Leben erhalten wollen, um bei jeder Gelegenheit das Beste aus uns herauszuholen und vor allem eine gewisse Ausgewogenheit zu erreichen. Mein Rat ist daher, regelmäßig Sport zu treiben, nichts Sensationelles, aber ein paar Stunden Sport pro Woche, am besten täglich und mit einer gewissen Regelmäßigkeit. Ich nutze jede Möglichkeit zur Bewegung und mache im Schnitt mindestens 12 bis 13.000 Schritte täglich. Viele schaffen nicht einmal die Hälfte. Dann muss man mit Neugier Bücher lesen, sich auf dem Laufenden halten und vielleicht ein paar Stunden damit verbringen, das eigene Tun zu überdenken, sich mit Möglichkeiten zur Verbesserung des eigenen Lebens zu beschäftigen. Kurz gesagt, beweg dich und denke nach, höre nie damit auf. Körper und Hirn sind dankbar. Vermeide oder genieße mit Moderation soziale Plattformen, die den Intellekt selten beleben. Nur so kannst du deine Batterien wieder aufladen, um im Beruf und in der Familie ganz vorne mit dabei zu sein. Es ist keineswegs einfach, das möchte ich klarstellen. Das habe ich in gewissem Maße auch bei diesem Buch getan. Ich habe mich gezwungen, darüber nachzudenken, wie ich arbeite und wie ich lebe.

Aber können wir bei all dem von unseren geliebten Unternehmen unterstützt werden? Gewiss! Und auf welche Weise? Eigentlich ist es ganz einfach. Die Unternehmen sprechen schon seit einiger Zeit davon, die Menschen, die Kunden und die Mitarbeiter, in den Mittelpunkt ihres Handelns zu stellen. Ausgezeichnet würde ich sagen. Auf der einen Seite steht der Kunde, der all unsere Bemühungen verdient, und die Sorge um ihn bedeutet, dass wir uns auf unser Kerngeschäft konzentrieren, das darin besteht, seine Bedürfnisse zu erfüllen, d. h. für mich in meinem Beruf Menschen mit dem nötigen Komfort und der nötigen Zuverlässigkeit von A nach B zu befördern, mit allem, was dazu gehört. Dies kann nur von einem Management geleistet werden, das nicht nur gut vorbereitet ist, sondern auch mit frischem Geist, Ideen und Tatkraft ausgestattet ist. Wir müssen in der Lage sein, unsere Kraft wieder aufzuladen und nicht erschöpft zu wichtigen Terminen zu kommen, von Notfällen überwältigt oder von Fakten überrollt zu werden. Wir müssen deshalb auch der obersten Führungsebene Anregungen geben, um den neuen Auftrag, den Menschen in den Mittelpunkt zu stellen, in die Tat umzusetzen. So ist es zum Beispiel schön und gut, technische und sogar persönliche Weiterbildungskurse zu veranstalten, aber vielleicht ist es in der modernen Welt noch besser, den

Menschen (Managern und Nicht-Managern) Raum zu lassen, um sich individuell den Weiterbildungs- und Denkaktivitäten zu widmen, die so wichtig sind, um in ihrer Arbeit effektiv zu sein. Auch in diesem Sinne sollte den Managern in Zukunft intelligentes Arbeiten nahegelegt werden, anstatt vielleicht, wie es heute noch mancherorts der Fall ist, das Stempeln von Stempelkarten in der Logik eines altmodischen metallverarbeitenden Unternehmens zu fordern, wo die Stunden mehr zählen als das Ergebnis und die intellektuelle Arbeit und Verantwortung mit einer eher mechanischen Arbeit vom Typ „produziere eine gewisse Anzahl an Stücke pro Stunde" verwechselt werden. Manager-Mütter, aber auch Manager-Väter, sollten in der Lage sein, ihren Kindern besser zu folgen, ohne ständige Umzüge befürchten zu müssen, und die Möglichkeit haben, zumindest in derselben Stadt wie ihre Kinder zu wohnen, zumindest für Kinder im Schulalter. Es trägt zum Gleichgewicht der Sphären bei. Wie bereits erwähnt, sollten auch Regeln für die elektronischen Kommunikationsmittel aufgestellt werden, z. B. die Sperrung von Servern oder zumindest das Verbot, E-Mails und Nachrichten nach einer bestimmten Uhrzeit und an Feiertagen zu versenden, oder das Verbot, sich nach einer bestimmten Uhrzeit im Büro aufzuhalten. Ausnahmen sind „echte" Notfälle wie immer. Stellen wir sicher, dass die Notwendigkeit, jede Minute erreichbar zu sein, nur für begrenzte Zeiträume besteht und nicht an 30 von 30 Tagen im Monat und 24 h am Tag. Wohlgemerkt, nichts von dem, was ich erwähnt habe, kostet etwas, nicht einmal einen Pfennig, oder besser ausgedrückt, einen Cent. Es geht lediglich darum, Dinge zu tun, die vielen Menschen zu mehr Gelassenheit und damit zu mehr Effizienz verhelfen und zu einem besseren Leben. Es handelt sich um eine Gelegenheit, ein Gleichgewicht zu schaffen und die Wirksamkeit der Arbeit und des Lebens zu erhöhen. Dann wäre es, wie bereits erwähnt, wichtig, die Organisationsstrukturen auf die richtige Größe zu bringen, um nicht ständig auf der Jagd nach der Zeit zu sein, die nicht vorhanden ist. Dies würde Geld kosten. Natürlich könnte man auch die Vergütungspolitik überarbeiten, indem man Mindestgehälter überall einfügt und die Verantwortung bei der Ausübung der Tätigkeit mit Gerechtigkeit berücksichtigt und ähnliche Funktionen gleichbehandelt. Natürlich, und das möchte ich betonen, sollte auch eine Obergrenze für bestimmte Gehälter festgelegt werden, wiederum aus Gründen der Fairness, was auch das mentale Gleichgewicht der mittleren Führungskräfte erleichtert und dafür sorgt, dass sich die erwähnten Sphären weniger drehen.

Berücksichtigen wir also alle drei Sphären. Ermöglichen wir die Kreativität und Reaktionsfähigkeit der Unternehmen durch die Regeneration von dem Körper und dem Geist ihres Managements zu steigern und erkennen wir ihren Beitrag fair an! Unser Ziel muss es sein, verantwortungsbewusst zu führen und zu managen, und unsere Familien aktiv zu leben. Und dies ermöglicht auch positive und konstruktive Beziehungen mit unseren Mitarbeitern aufzubauen. Also eine Win-Win-Win Situation.

18

Regeln und Leidenschaft

„Kinder, stellt euch in Zweierreihen auf, knöpft eure Schürzen zu und haltet euch an den Händen; macht keinen Lärm, die Lehrerin wird euch kontrollieren."

Dies ist die Methode, an die wir von klein auf gewöhnt waren, zumindest was meine Generation betrifft. Alles unterliegt Regeln, Hierarchien, Befehlsstrukturen, Dinge, die in Ordnung und Dinge, die nicht Ordnung sind. Seltener werden wir auch heute in dieser Gesellschaft aufgefordert, selbst zu denken. Da ist immer jemand, der für uns denken will oder unentgeltlich Vorschläge, besonders Einkaufsvorschläge verteilen will.

Die Schule erzieht uns noch kaum an das kritische Denken, ebenso wenig wie sie uns zur Zusammenarbeit zwischen Menschen, zur Verfolgung gemeinsamer Ziele in einer Gruppe mit offenem Geist antreibt. Dem Gehorsam-Sein wird auf listige Art und Weise mehr Raum gegeben.

Was genau wird z.B. mit der Verhaltensnote in der Grundschule belohnt? Vielleicht kritisches Denken? Das

R. Hopfinger, *Managen auf Südtirolerisch*,
https://doi.org/10.1007/978-3-658-50843-2_18

glaube ich nicht. Alle lauschen schweigend dem Unterricht, wie später in der Firma und in allen möglichen Bereichen der Gesellschaft. Wir hören die Sonntagsmesse, wir hören die Fernsehwerbung, wir hören die Kundgebungen unserer Politiker und dann zur Belohnung schauen wir passiv das Fußballspiel (ja, man jubelt und schreit aber passiv, da wir nichts machen und keinen Betrag zum Tor geleistet haben). Und auf der anderen Seite betonen wir den Wert des Einzelnen: Hier siehst du, dass Thomas die Aufgabe gut verstanden hat und eine gute 10 (in Italien, oder eine 1 anderswo) bekommt; macht wie er. Schönes Einzelstück. Jeder soll das gleiche machen, trotz unterschiedlicher Temperamente und vor allem unterschiedlicher Talente. Folgen in Stille und Gehorsam-Sein also. Natürlich ist viel von den einzelnen Lehrern abhängig, und wie du sicher verstanden hast, ist dieser Punkt für mich von grundlegender Bedeutung, weil die Schule von grundlegender Bedeutung ist, für die Vorbereitung der Bürger von morgen, was auch immer sie tun werden. Natürlich ist und bleibt die Familie genauso wichtig, und hier haben wir als Eltern ebenso eine große Verantwortung, aber die Schule ist der Ort, an dem wir das bürgerliche Fundament festigen und das soziale Fundament eines jeden Mannes und einer jeden Frau schaffen. Ich habe mich sehr für diesen Aspekt eingesetzt, weil ich der Meinung bin, dass vor allem in der Schule, wo Schüler viele Stunden, während vieler Monate des Jahres und vieler Jahre verbringen werden, die wichtigsten ethischen und staatsbürgerlichen Grundsätze gelehrt werden sollen, kritische Köpfe gebildet werden sollen (d. h. zu Flexibilität und Kreativität gedrängt werden, die auf ethische Grundlage beruhen) und vor allem der Geist der Zusammenarbeit (der soziale Rahmen) derjenigen, die das Schicksal der Gesellschaft von morgen entscheiden werden. Sicherlich muss innerhalb bestimmter Grenzen eine Angleichung an bestimmte Regeln erfolgen, ohne die eine enge Zusammenarbeit mit anderen nicht möglich ist. Man kann nicht in einer Anarchie leben, und man kann auch nicht ohne Gewohnheiten leben (jeden Tag zum Unterricht gehen, sich die Zähne putzen, usw.). Natürlich nur, wenn die Regeln sinnvoll sind, und das sind sie in vielen Fällen. Andererseits hatte ich immer gute Noten: Was für ein braves Kind, wie höflich und wie „gehorsam"! Andererseits steckte hinter meinem milden Charakter immer ein enormer kritischer Geist, und in meiner Arbeit habe ich trotz eines ausgeprägten Freigeistes immer die Zusammenarbeit, das Ergebnis in der Gruppe gesucht und nie versucht, mich als Individuum hervorzutun. So soll ein Manager sein, denke ich. Im Grunde bin ich immer derselbe geblieben und ich bin auch heute noch derselbe (zumindest glaube ich das). Einerseits eingeordnet und andererseits äußerst kritisch, hoffentlich immer konstruktiv kritisch, und natürlich großzügig und hilfsbereit, wie es jeder sein sollte, aber vielleicht doch nicht genug. Manchmal intolerant. Kann sein. Gut? Schlecht? Das hängt von der jeweiligen Situation ab.

Aber kritischer Geist und eine gesunde Portion Anpassung sind kein Widerspruch. Die Ausbildung individueller Persönlichkeiten, die eigene Gedanken und einen gesunden Geist der Zusammenarbeit und des Teilens mit anderen haben, ist kein Widerspruch; vielleicht ist es sogar ein günstiges Rezept für erfolgreiche Organisationen. Was sagst du dazu? Ich glaube schon. Vor allem die Einbindung der verschiedenen Ebenen und Bereiche eines Unternehmens und die unmittelbare Befähigung aller, eingebettet in eine echte kooperative Atmosphäre, die von Transparenz, Kollegialität und vor allem von der Abwesenheit an Arroganz Einzelner durchdrungen ist, sowie mit einer Prise gesunder Ironie (sogar Selbstironie) und Humor, also viel Humor, entscheidet meiner Meinung nach über den Erfolg einer Organisation. Dies muss unter allen Umständen gegeben sein. Sowohl in der Familie als auch in der Schule, in Vereinen oder verschiedenen Gruppen, sowie in der Firma. Zu jedem Zeitpunkt. Nur so können dauerhaft erfolgreiche Gruppen gebildet werden, nur so können Spitzenleistungen in einem harmonischen Umfeld erreicht werden. Ein klar definiertes und gemeinsames Ziel führt unweigerlich dazu, dass man sich als Teil eines größeren Selbst fühlt, eines kollektiven Selbst, das die einzig mögliche Triebfeder ist, um aufrichtige Leidenschaft für das, was man tut, zu empfinden. Schließlich nimmt die Arbeit einen großen Teil unserer Lebenszeit in Anspruch, und es ist unsere Aufgabe, ihr einen höheren Sinn zu geben, der für uns und alle unsere Mitarbeiter ein Katalysator sein kann. Wir Unternehmensleiter sind die Ersten, die eine positive Energie ausstrahlen und sich stark auf die zu verfolgenden Ziele konzentrieren müssen. Mit Offenheit und Transparenz, vor allem mit Einbeziehung und Austausch machen wir das Ziel zu etwas Größerem, zu einem Ziel von Vielen. Wie bereits erwähnt, wir kennen das Sprichwort: Der Fisch stinkt vom Kopf her, und auch wenn ich dieses Buch besonders für das mittlere und niedere Management geschrieben habe, d. h. für die Mehrheit der Manager, die Tag für Tag aufstehen und weder über Zauberstäbe noch oft über außergewöhnliche Hebel verfügen, um die Welt zu bewegen, gelten diese Grundsätze in Wirklichkeit für alle. Es geht auch zugunsten der Menschen, die sich in Zukunft eine große Verantwortung zutrauen, und für unsere Mitarbeiter, die mit uns die Ziele erreichen. Der größte Hebel ist für uns all die Begeisterung. In der Tat haben wir, wie jeder Mann und jede Frau, einen enormen Hebel, nämlich die Leidenschaft für das, was wir tun, eine ansteckende Leidenschaft, die über unser engeres Handlungsumfeld hinausgeht, wenn wir uns mit dem, was wir tun, als Gruppe identifizieren können.

Um von der Leidenschaft überwältigt zu werden, müssen wir uns als Erstes die richtigen Fragen stellen und einen Beruf wählen, der am besten zu unseren Eigenschaften, zu unserem Wesen passt. Nur so werden wir ansteckend, und um vollständig anregend zu sein, müssen wir uns in eine Richtung bewegen, die sich von der unterscheidet, die sich gewisse Menschen vorstellen, die eher auf Hierarchien, auf Fesseln, auf Geheimnissen, auf Barrieren, auf Masken beruhen. Also erst einmal: Ernsthaftigkeit ist gut, ohne Masken und immer mit einem echten Lächeln; verantwortungsvolle Transparenz ist grundlegend, keine Geheimnisse, im Gegenteil, und vor allem kooperative und engagierte Arbeit, Aufrichtigkeit und Verbundenheit.

Stattdessen sind wir daran gewöhnt, Menschen wie Kinder anzusehen und folglich zu behandeln, wie im Kindergarten. Ja, vielleicht haben es Einige verdient, aber die Wenigsten. Den Rest erledigen eine Fülle von Vorschriften, erstickende Regeln und Zwangsinstitutionen, die oft eine klare Absicht verfolgen, nämlich die Handlungen der Menschen zu lenken, Arbeitnehmer und Unternehmen auf Schritt und Tritt zu kontrollieren, und das vor allem in einem Land, Italien, der am wenigsten diszipliniert, aber auch sehr kreativ ist. Auf der einen Seite Regeln für alles und auf der anderen Seite das ständige Brechen dieser Regeln. Des Öfteren macht man so, als ob man brav in der Reihe stünde, ohne wirklich daran zu glauben, und sobald sich die Blicke der Anderen abwenden, tut man etwas anderes. Mit anderen Worten: gut geübt und schlecht gerast. Und manchmal ist es vielleicht notwendig.

Aber in Italien gibt es immer wieder große Ideen und auch hervorragende Leistungen, in besonderen historischen Momenten, auch in zufälligen Konstellationen, aber gleichzeitig auch die Kränkung des Individuums, das zum Kind wird. Hier sind wir als Manager dann gefragt, die Ersten zu sein, welche die Kultur im Unternehmen verändern und zum Katalysator für Verbesserungen werden, zur positiven Ansteckung für andere, aber nicht auf eine zufällige Art und Weise, sondern auf eine extrem gewünschte Art und

Weise. Was müssen Unternehmen also in erster Linie tun, um ihre Organisation sinnvoll zu gestalten? Sie müssen herausfinden, was ihr eigentlicher Auftrag ist, und zwar ein Auftrag, der klar und verständlich formuliert ist und oft auch außerhalb des Unternehmens Ziele hat, mit denen man sich identifizieren kann. Purpose nennt man das heute. Wir müssen die tiefe Bedeutung dessen, was wir tun, begreifen und betonen, wie viel Positives wir für die Gesellschaft als Ganzes tun können, uns verpflichten, diese Werte an alle unsere Mitarbeiter weiterzugeben, so viele wie möglich auf transparente Weise einzubeziehen und mit ihnen mit Leidenschaft und aufrichtigem Engagement zusammenzuarbeiten. Nur auf diese Weise kann Großes geleistet werden, und ich bin sicher, dass fast jedes Unternehmen oder jede Institution oder Vereinigung dies schaffen kann, dass sie den Kern und den tiefen Sinn ihres Handelns zum Wohle der Gesellschaft als Ganzes finden kann, was nicht nur das wirtschaftliche Ergebnis sein kann, sondern die wirkliche Verbesserung der Lebensbedingungen von uns allen sein muss. Schaffung von angemessenem Mehrwert. So werden wir alle auf unserer Seite haben, mit ein paar Ausnahmen natürlich, aber mit großem Enthusiasmus und großer Entschlossenheit. Die Unternehmen müssen daher eine Organisation fördern, die nicht übermäßig hierarchisch im traditionellen Sinne ist, welche Raum für das freie Denken der Menschen zulässt und vor allem den Beitrag jedes Einzelnen akzeptiert, ohne ihn zu verspotten. Ich denke dabei an Unternehmen, die sich immer weniger an Uhren orientieren, die nur die Zeit messen und nicht die Leistung, sondern an anderen Methoden zur Beurteilung von Mitarbeitern, die mit mehr qualitativen Phänomenen verbunden sind, und die mit Vertrauen über ein breites Übertragen der Aufgaben verfügen. Ein Gleichgewicht zwischen Privat- und Geschäftsleben muss also möglich sein, ich wiederhole. Nur so kann man Menschen haben, die erfüllt sind und sich ernsthaft auf klare und gemeinsame Ziele konzentrieren können. Es gibt nichts Erfüllenderes und Wichtigeres für einen Menschen als das Bewusstsein, mit anderen Menschen zur Erreichung gemeinsamer Ziele beizutragen. Und das alles in einer Gruppe, die auch einen persönlichen Bereich zulässt, durchsetzt mit Zeichen echter Stärkung. Wie ich bereits sagte, würde sich nicht jeder an einem solchen Unternehmensideal beteiligen, aber sicherlich die meisten. Es geht also nicht darum, Geld oder Macht zu verfolgen, sich um seine eigenen Angelegenheiten zu kümmern, sondern darum, eine neue Beziehung zwischen den Unternehmen und ihren Managern und zwischen ihnen und dem Rest der Belegschaft im Namen von Respekt, Transparenz und Teilhabe herzustellen. Einige tun dies, andere nicht. Aus meinen persönlichen Erfahrungen in verschiedenen Unternehmen bin ich jedoch fest davon überzeugt, dass dies der richtige Weg ist, und glaub mir, auch wenn ich mit meinem jetzigen Team schon heute zufrieden bin, habe ich noch viel zu lernen und viel zu tun. Niemand hat jemals das Ende der Fahnenstange erreicht, und das ist eine der Lektionen, die jeder in jeder Organisation zuerst lernen sollte.

Also Regeln geht in Ordnung, aber Freiräume für alle Köpfe und dann Kooperation. So gewinnt man allesamt zusammen, so baut man hervorragende Teams und hervorragende Ergebnisse, die wirtschaftlich, aber auch ethisch, gut sind. So packt uns die positive Leidenschaft, die uns wiederum zur besten Leistung für das Unternehmen, aber auch für die breitere Gesellschaft und für uns selbst führen wird. So bildet man zufriedene Menschen.

19

Der Phönix

Die Botschaft dieses Buches lautet also: Du schaffst deinen eigenen Weg zur Nachhaltigkeit. Eine banale Weisheit, könnte man sagen, aber warum wird sie dann wiederholt so schlecht angewandt?

Jeder Mensch, Manager oder nicht, muss seinen eigenen Weg gehen; wenn wir glauben, dass jemand anderes ihn für uns vorgibt, sind wir wirklich auf dem Holzweg. Im Gegenteil, wir beschweren uns oft, wenn andere uns in vorgegebene Bahnen zwin gen wollen und uns nicht in die Richtung gehen lassen, die wir einschlagen wollen und für sinnvoll und richtig halten. Wir Manager beschweren uns nicht selten zu Recht, dass wir keine Hebel haben und dass wir von der Bürokratie, von den Regeln erstickt werden, zu oft, auf unproduktive und irreführende Weise im Hinblick auf die Ziele, die wir erreichen müssen, wobei diese immer ethisch und sozial nachhaltig sein müssen. In den meisten Fällen ist das alles wahr. In einem sich wandelnden Umfeld, das voller Fallstricke, aber auch voller Chancen und un-

R. Hopfinger, *Managen auf Südtirolerisch*,
https://doi.org/10.1007/978-3-658-50843-2_19

erwarteter Unterstützung durch viele Kollegen ist, müssen wir in erster Linie frei in unserem Denken sein und nach unserem Gewissen im Interesse der Gemeinschaft handeln können.

Deshalb wende ich mich an dich, der oder die genau wie ich, immer wieder Momente der Unsicherheit erlebt als junge oder wenig jüngere Führungskraft. Und ich wende mich an dich Uniabsolvent, wo du jetzt gerade beim Entscheiden bist, ob du eine Verantwortung in einem Unternehmen auf deine Schulter nehmen willst. Als erstes Gebot gilt, dass du dein Gewissen in dein Tun einbeziehen musst, dass du so weit wie möglich frei handelst, dass du sogar neue Wege gehst, die du noch nie gegangen bist, aber mit Gewissen. Wenn du dich von dem aufrichtigen Wunsch leiten lässt, Gutes für das Unternehmen, aber auch für die breite Gemeinschaft oder die Familien zu tun, musst du dies tun.

Folge also zuallererst einem ethischen Weg. In diesem Buch habe ich diesen Begriff mehrfach wiederholt: Ethik. Die Ethik ist für mich, wie gesagt, der Kern des Ganzen. Aber was bedeutet dieses Konzept, was bedeutet es, ethisch zu handeln? Es ist ein Konzept, das im Laufe der Zeit immer mehr in den Hintergrund getreten zu sein scheint und heute so wichtig und in aller Munde ist, dass es z. B. zu so genannten Unternehmensethik-Zertifizierungen geführt hat.

Die Ethik befasst sich seit jeher mit dem menschlichen Verhalten, wie es in der Gemeinschaft eingebettet ist. Unter „Ethik" im engeren Sinne verstehen wir den Bereich der Philosophie, der sich mit dem Guten und dem Bösen befasst, mit dem, was gut ist, im Unterschied zu dem, was schlecht ist. Gewisse Prinzipien sind unverändert und unveränderlich, universelle Prinzipien, die befolgt werden müssen. Es handelt sich aber nicht immer um etwas, das im Laufe der Zeit unverändert bleibt, da Dinge, die früher als unmoralisch galten, heute als tugendhaft gelten und umgekehrt. Es geht auch nicht um Dinge, die ausdrücklich gesetzlich oder anderweitig verboten sind. Es handelt sich um ein öffentliches Gefühl, das in jedem Fall zu einem großen Teil aus der Achtung vor den Mitmenschen resultiert und natürlich stark von Religion, Politik und vielem mehr beeinflusst wird.

Die Ethik leitet sich von der Fähigkeit ab, genau zu unterscheiden, was gut und was schlecht ist – Begriffe, deren Grenzen unscharf sind und die natürlich in einem Kontext angepasst werden müssen. In diesem Sinne müssen wir jedoch handeln, und zwar mit Gewissen und Verantwortungsbewusstsein. Lass mich ein Beispiel nennen: Wenn wir wissen, dass durch unsere Tätigkeit giftige Stoffe in den Boden gelangen, die die Gesundheit vieler Menschen beeinträchtigen könnten, wie würden wir dann als direkt Betroffene und Verantwortliche handeln? Würden wir diese Tatsache den Mitverantwortlichen und dem Vorgesetzten mitteilen und sofort handeln, um die möglichen schädlichen Folgen zu beseitigen und damit zu begrenzen und möglicherweise Leben zu retten, oder würden wir uns auf die persönlichen Folgen für uns und das Unternehmen konzentrieren? Wenn wir an Extremfälle wie Seveso, Tschernobyl oder die Fukushima-Katastrophe und so viele andere Ereignisse in der Vergangenheit denken, wird deutlich, dass der Mensch zu oft in erster Linie handelt, um Fehler oder deren Ausmaß zu verbergen, was die Situation in der Regel noch verschlimmert. Wenn wir aber nicht nach unserem Gewissen handeln, machen wir all das Gute, das wir verrichten, zunichte, verleugnen wir den wahren Geist all unserer Aktivitäten, der in der Verbesserung der Lebensbedingungen von uns allen besteht.

Alles muss also von einem tiefen moralischen Sinn durchdrungen sein, ohne den es sinnlos ist, zu handeln.

Zweitens musst du als Manager alles in Frage stellen, auch dich selbst. Man darf sich nie zu sicher sein, was man tut, sondern man muss immer in der Lage sein, sich vorzustellen, welche Alternativen möglich sind (viele würden sagen, sich mit Querdenken auszustatten, die Dinge aus verschiedenen Blickwinkeln zu betrachten, zu abstrahieren und innovative oder zumindest neue Lösungen zu finden). In der Tat müssen wir die Kreativität stark fördern und uns von Konventionen, Ritualen und kulturellen Schichtungen lösen, die nicht selten den Geist vernebeln und freies Denken und Innovation verhindern. Natürlich musst du als Manager, der in den meisten Fällen allein die Verantwortung trägt, eindeutige, oft schnelle Entscheidungen treffen und manchmal – zwangsläufig – Fehler machen. Lass aber immer einen gesunden Hauch von Unsicherheit in dein Handeln einfließen. Natürlich nicht so, dass man langsam und unentschlossen handelt (das richtet manchmal noch größeren Schaden an), sondern so, dass man andere Möglichkeiten sieht, eventuell Fehler eingesteht und schnell reagiert, wenn man den Kurs ändern muss. Kurz gesagt, halte dich nicht an Situationen fest, die von deinen Vorgängern und Ihren eigenen Fehlern in der Vergangenheit geschaffen wurden, oder von dir selbst, und sei transparent, sei offen gegenüber Veränderungen. Wenn nötig, sei bereit, wie der Phönix aus der Asche wieder geboren zu werden. Das ist immer wieder notwendig. Der Kontext ändert sich ständig, die Befindlichkeiten der Menschen ändern sich, die Menschen um dich herum ändern sich, die Bedürfnisse ändern sich, die Gründe ändern sich, die Inputs ändern sich. Kurz gesagt, alles ändert sich ständig und so muss man sich selbst auch verändern: Tod und Wiedergeburt, neue Ansätze, neue Rezepte mit all der Fantasie und Sensibilität, um auch die kleinsten Signale zu verstehen. Du wirst immer noch Fehler machen, auch wenn du klug bist, aber du wirst alles getan haben, was möglich war, und zwar mit aller Kompetenz, die du aufbringen kannst, und vor allem mit all dem guten Glauben, der dich auszeichnet.

Und vor allem: Behandle deine Mitreisenden gut. Es sind deine Kollegen, deine Chefs, deine Mitarbeiter, deine Kunden, deine Lieferanten. Tue es, weil du Respekt vor anderen hast, nicht weil du einen Gefallen von ihnen erwartest. Viele von ihnen handeln manchmal mit Hintergedanken, und in solchen Fällen solltest du Abstand halten. Aber schenke den Menschen immer dein Vertrauen, denn die meisten haben es verdient und wollen nichts anderes, als dich auf einem Abenteuer zu begleiten, dir zu helfen, dich oft in eine gute Richtung zu lenken, mit der einzigen Absicht, mit dir Ziele zu erreichen, deiner und ihrer Existenz einen Sinn zu geben. Es genügt ein gemeinsames Ziel: Das ist das Wichtigste für ein gut funktionierendes Team, und das ist es, was den Menschen persönliche Zufriedenheit und geistiges Gleichgewicht ermöglicht. So sind wir gemacht, zumindest die meisten von uns. Und diese Ziele, die du mit deinem Team verfolgst, können niemals nur wirtschaftlich sein, denn diese sind sekundär, obwohl notwendig, um dir, deinem Unternehmen und der ganzen Gemeinschaft Solidität zu verleihen, um Gehälter und Investitionen zu garantieren, aber dennoch sekundär. Diejenigen, die Werte zerstören, haben sicherlich keine Zukunft. Die Ziele werden aber auch und vor allem sozialer und ökologischer Natur sein und eine umfassende Nachhaltigkeit beinhalten. Berge von Umsatz und dann Gewinne zu machen, kann nur dann gut sein, wenn es gleichzeitig bessere Lebensbedingungen für all diejenigen garantieren, die sich in deinem Umfeld aufhalten, einschließlich der Gesellschaft im Allgemeinen.

Dann denk daran, dass du als Manager privilegiert bist. Nicht nur du, sondern auch viele Menschen in deinem Umfeld. Wir leben in Europa, in einer reichen und wohlhabenden Gesellschaft. Wir leben besser als die Könige, die wir in den Schulbüchern studiert haben. Wir genießen Annehmlichkeiten, die noch vor Jahrzehnten unvorstellbar waren, wir versinken im Überflüssigen, und das kann manchmal dazu führen, dass viele Menschen die Kontrolle verlieren und denken, dass das Leben ohne Happy Hour sinnlos ist, und dabei vergessen sie, dass viele auch heute noch ernsthaft leiden. Wir sollten dafür dankbar sein und uns nicht über die kleinen Dinge beschweren, mit denen wir oft konfrontiert werden. Manchmal führen dieselben Geschäftsstrategien zu gefährlich flachen Gewässern, in denen man auf Grund läuft. Auf der Suche nach ruhigen Gewässern und übermäßigen Komfortzonen verliert man die Hauptrichtung oder man wird einfach durch die Komplizenschaft unerfahrener und ungeschickter Navigatoren abgelenkt, die zu sehr auf die Äußerlichkeiten der Dinge konzentriert sind. Konzentriere dich also auf das, was wirklich wichtig ist, und lasse dich nicht vom Überflüssigen ablenken. Folge dem Beispiel des heiligen Franziskus und halte den Balken fest auf der Steuerbordseite, in Richtung der wirklich wichtigen Dinge.

Sei nie zu nachgiebig. Unterwerfung wird niemals unterstützt oder gelobt, Respekt hingegen schon. Uns vor anderen niederzuwerfen, ob wir darum gebeten werden oder nicht, oder zu akzeptieren, dass jemand anderes es uns gegenüber tut, hilft uns nicht. Im Gegenteil: Unterschiedliche Auffassungen gegenüber Vorgesetzten und sogar gegenüber den eigenen Mitarbeitern fördern den Dialog und erhöhen die Fähigkeit, kluge und erfolgreiche Entscheidungen zu treffen. Wenn du von nickenden Menschen umgeben bist, wirst du nicht weit kommen und mit größerer Wahrscheinlichkeit als je zuvor große Fehler machen.

Auch solltest du dir niemals das Recht auf Langeweile oder Müßiggang nehmen, denn dies ist ein Regenerator für deine Kraft und dein Handeln und das Vorzimmer deiner persönlichen Kreativität. Ohne zu übertreiben, versteht sich. Versuche jedoch, dir etwas Zeit für dein kulturelles Wachstum einzubauen, Bücher zu lesen, dich theoretischen

Überlegungen zu widmen. Gefangen im Alltagstrott hast du das Bedürfnis, zu anderen Ufern aufzubrechen, um deinen Geist offen und aufnahmefähig zu halten, bereit für das plötzliche Bedürfnis, elastisch, um kreativ und gleichzeitig rational zu reagieren.

Kümmere dich um deine Ausbildung, an der es nie mangeln darf und die heute leider immer weniger in den Unternehmen stattfindet, die aber mehr denn je für alle (oder fast alle) zugänglich ist. Lerne eine Sprache, lerne philosophische Themen oder lerne einfach, wie man einen Kleiderschrank baut. Alles hilft dem Geist, und alles, was du (sinnvoll) lernen willst (Bungee-Jumping gehört nicht unbedingt dazu), wird dich persönlich bereichern und deinen Horizont und deine Fähigkeit, über den Tellerrand zu schauen, erweitern.

Denk daran, dass es nicht darauf ankommt, wie viel du arbeitest, sondern wie du arbeitest. Qualität statt Menge. Wenn man 14 h am Tag oder mehr arbeiten muss, wie ich es auch lange getan habe, weil man immer wieder aus eigenem Antrieb und Stolz unter anderem seinen Wert und sein Engagement beweisen will, dann bedeutet das, dass etwas nicht stimmt. Entweder ist dein Unternehmen nicht genug organisiert oder dimensioniert, oder du bist, abgesehen von der Lernphase, nicht organisiert oder gut konzentriert. Vielleicht bist du den Zeitdieben zu sehr ausgesetzt. Du brauchst Konkretheit, und Konkretheit lässt sich – soweit es natürlich von dir abhängt – mit einer guten Dosis Organisation verbessern, die auch das Beseitigen der Zeitdiebe einschließt (wir müssen nicht immer für alle verfügbar sein, und das ist keine Frage der Unhöflichkeit, sondern oft der Notwendigkeit). Keine Angst, das gelingt auch mir nicht immer. Wir müssen uns aber gegen die Ablenkungen wehren, denen wir heutzutage in höchstem und zunehmendem Maße ausgesetzt sind (vieles, was sich um uns herum abspielt, sowohl bei der Arbeit als auch in unserem Privatleben). Wir müssen den Missbrauch der Technologie durch uns selbst oder durch unser Unternehmen oder unsere Gesprächspartner vermeiden.

Schätze das kollektive Genie und vergiss, als Einzelgänger großartig zu sein. Du bist großartig als Teil einer Gruppe. Das ändert nichts an der Tatsache, dass du brillant, kreativ und intelligent sein kannst, aber wenn du Erfolg haben willst, dann nur dank der vielen Menschen um dich herum, die dir helfen und dich oft sogar auf dein Ziel hinweisen.

Sei eine Führungskraft, von der man lernen will und mit der man Herausforderungen teilen kann. Nur so macht die Arbeit Spaß, und nur so geben dir die persönlichen und gruppenspezifischen Erfolge das unbezahlbare Gefühl, nützlich gewesen zu sein, deine Gemeinschaft vorangebracht zu haben und einen noch umfassenderen Sinn für deine Existenz zu haben. Und gleichzeitig wirst du dieses Gefühl mit anderen teilen.

Dann habe Mut, denn ohne Mut kommst du nicht weiter. Ohne Mut wirst du bestenfalls in deinem kleinen Garten bleiben, die gleichen Pflanzen wie immer anbauen und dein Unkraut pflegen, aber du wirst nicht in der Lage sein, deinen Horizont zu erweitern; du wirst keine exotischen Pflanzen kennenlernen und du wirst nicht in der Lage sein, neue Möglichkeiten zu sehen. Lasse dir nicht sagen: „Das hat man noch nie gemacht“ oder noch schlimmer: „Das haben wir schon immer so gemacht“, so als ob die Dauerhaftigkeit einer Gewohnheit eine Garantie für die Richtigkeit in einer sich ständig verändernden Welt wäre. Auch hier braucht es Mut, diese Muster zu durchbrechen.

Um die Bedeutung dieses Buches für einen guten Manager zusammenzufassen, gibt es also einige Regeln:

- **Sei so unabhängig wie möglich** und handle stets in Gedankenfreiheit, so weit wie möglich losgelöst von kulturellen und unternehmerischen Abhängigkeiten, die sich im Laufe der Zeit herausgebildet haben.
- **Handle moralisch korrekt**, denk über die Folgen deines Handelns und suche stets das Optimum in einem Gleichgewicht, das wirtschaftliche Ziele mit sozialen und ökologischen Zielen in Einklang bringt.
- **Sei niemals übermütig**, sondern trage immer ein Minimum an Zweifel in dir. Überlege dir verschiedene Ansätze, mit denen du die unvermeidlichen Fehler, die du machen wirst, beheben kannst.
- **Sei bereit für Veränderungen**, für den Tod und die Wiedergeburt aus deiner Asche. Die Welt verlangt es.
- **Nimm Rücksicht auf andere Mitreisende**, aber meide die Zeitdiebe, wie auch gewisse Technologien, die intelligent eingesetzt werden müssen.
- **Sei dir bewusst, dass du privilegiert bist** und du dich niemals in deiner Komfortzone einrichten sollst. Vermeide Überflüssiges, das keinen Zweck erfüllt.
- **Sei niemals unterwürfig** und meide diejenigen, die es sind, denn Unterwürfigkeit tötet den Fortschritt. Ein ständiges Nicken stellt keine Handlungen in Frage und schützt nicht vor Fehlern.
- **Langweile dich**: finde Zeit, um zu faulenzen und dich zu regenerieren. Das ist das Vorzimmer von Kreativität und Effizienz.
- **Bilde dich weiter**: Auch das gehört zu deinem Job und ist ständig notwendig. Sei bescheiden genug, um immer zu lernen.

Es ist ein schwieriges Gleichgewicht, aber es lohnt sich, es zu versuchen.

Gute Arbeit!

Literatur[1]

Arendt, H. (2023). *La banalità del male.* Universale Economica Feltrinelli.

Carnegie, D. (2010). *How to win friends & influence people.* Pocket Books.

Collins, J. (2001). *Good to great: Why some companies make the leap and others don't.* Harper Collins.

[1] Dieses Buch beruht größtenteils auf den Erfahrungen, die ich in verschiedenen Unternehmen und Organisationen machen durfte, aber auch indirekt auf den Erfahrungen anderer, die ich im Gespräch mit vielen gewonnen habe. Es ist offensichtlich, dass meine Lektüren im Laufe der Zeit und die Befriedigung meiner Neugier ebenfalls dazu beigetragen haben, die Ideen zu formen, die ich zu erläutern versucht habe. Es war jedoch die Erziehung durch meine Eltern und auch der meist positive und manchmal negative Einfluss vieler Männer und Frauen, denen ich begegnete, die mich dazu brachten, Konzepte zu entwickeln, die, obwohl sie in Unternehmen noch nicht gang und gäbe sind, zunehmend von Managern und Mitarbeitern auf allen Ebenen geteilt werden und es uns ermöglichen werden, eine neue Zukunft aufzubauen.

Ich muss jedoch einige Texte erwähnen, die sicher vom Interesse sein können, um einige Themen zu vertiefen. Ich wünsche angenehme Lektüre.

R. Hopfinger, *Managen auf Südtirolerisch*,
https://doi.org/10.1007/978-3-658-50843-2

Drucker, P. F. (1954). *The practice of management.* HarperCollins Publishers.

Drucker, P. F. (1974). *Management: Tasks, responsibilities, practices.* HarperCollins Publishers.

Duhigg, C. (2014). *The power of habit: Why we do what we do in life and business.* Random House Trade Paperbacks.

Fayol, H. (1999). *Administration industrielle et générale.* Dunod.

Follett, M. P. (1930). *Creative experience.* Longmans, Green and Co eBooks.

Gatterer, C. (2022). *Schöne Welt, böse Leut: Kindheit in Südtirol.* Folio.

Goleman, D. (1996). *Emotional intelligence: Why it can matter more than IQ.* Bloomsbury Publishing PLC.

Goleman, D. (2006). *Social intelligence: The new science of human relationships.* Bantam Books.

Hesse, H. (1969). Siddhartha: Eine indische Dichtung. Suhrkamp Verlag.

Iacocca, L. (2007). *Where have all the leaders gone?* Scribner.

Istituto Nazionale di Statistica (ISTAT). 2020. *Il diversity management per le diversità LGBT+ e le azioni per rendere gli ambienti di lavoro più inclusivi.* Anno 2019. https://www.istat.it/it/files/2020/11/Diversity-e-inclusion-management-nelle-imprese-in-Italia-2019.pdf

Keller, G., & Papasan, J. (2013). *The one thing: The surprisingly simple truth behind extraordinary results.* Bard Press.

Laloux, F. (2014). *Reinventing organizations: A guide to creating organizations inspired by the next stage of human consciousness.* Nelson Parker.

Mayo, E. (1977) *The human problems of an industrial civilization.* Ayer Co Pub.

McGregor, D. M. (1960). *The human side of enterprise.* McGraw-Hill Book Company.

Mintzberg, H. (1973). *The nature of managerial work.* Harper & Row.

Morita, A., Reingold, E. M. & Shimomura, M. (1986). *Made In Japan: Akio Morita and Sony.* E.P. Dutton.

Newport, C. (2024). *Slow productivity: The lost art of accomplishment without burnout*. Penguin.

Niccolò, M. (1532). *Il Principe*. Oxford University Press.

Peter, L. J., & Hull, R. (2020). *The Peter Principle: Why things always go wrong*. Profile Books.

Pink, D. H. (2009). *Drive: The surprising truth about what motivates us*. Riverhead Books.

Pope Francis, P. (2015). *Laudato Si': On care for our common home*. Libreria Editrice Vaticana.

Review, H. B. (2024). *Boundaries, priorities, and finding Work-Life balance*. HBR Work Smart.

Rowling, J. K. (1998). *Harry Potter und der Stein der Weisen*. Carlsen Verlag GmbH.

Salovey, P., & Mayer, J. D. (1990). *Emotional intelligence. Imagination, Cognition and Personality*, 9(3), 185–211. Baywood Publishing Company.

Sandel, M. J. (2020). *The tyranny of merit: What's become of the common good?* Farrar, Straus and Giroux.

Schweitzer, A. (1923). *In Kultur und Ethik. München: C.H. Beck, (S 242).*

Simon, H. A. (1997). *Administrative Behavior* (4. Aufl.). Simon and Schuster.

Sinek, S. (2011). *Start with why: How great leaders inspire everyone to take action*. Penguin Publishing Group.

Smith, A. (1776). *An inquiry into the nature and causes of the wealth of nations*. Strahan and Cadell, in the Strand.

Thorndike, E. L. (1920). Intelligence and its uses. *Harper's Magazine*.

Voltaire. (2001). *Candide oder der Optimismus: aus dem Deutschen übersetzt von Herrn Doktor Ralph samt den Bemerkungen, die man in der Tasche des Doktors fand, als er zu Minden im Jahre des Heils 1759 starb*. Reclam.

Walter, A. D. (2015). *Mittleres Management – Schlüssel zum Unternehmenserfolg: Leitfaden zur Führung, Förderung und Beratung des „Sandwichmanagements"*. Springer Gabler.

Weber, M., (1922). *Wirtschaft und Gesellschaft: Grundriss der Sozialökonomik*. J.C.B. Mohr (Paul Siebeck).

Wheatley, M. J. (1992). *Leadership and the new science.* ReadHowYouWant.

Wiseman, L., & McKeown, G. (2010). *Multipliers: How the best leaders make everyone smarter.* Harper Collins.

Woolf, L. S., Taylor, F. W., Scott, W. D., & Goldmark, J. (1912). *The principles of scientific management. The Economic Journal.*

Wu, T. (2017). *The attention merchants: The epic scramble to get inside our heads.* Faber and Faber.

Young, M. D. (1994). *The rise of the meritocracy.* Transaction Publishers.

9783658508425